新 社会福祉士養成課程対応

ソーシャルワーカー教育シリーズ①

新版 ソーシャルワークの基盤と専門職

【基礎編・専門編】

監 修
相澤 譲治

編 集
植戸 貴子

JN122860

みらい

新・社会福祉士養成課程対応

ソーシャルワーカー教育シリーズ❶

新版 ソーシャルワークの基盤と専門職
【基礎編・専門編】

執筆者一覧

（執筆順）

【監　修】	相澤 譲治	神戸学院大学	
【編　集】	植戸 貴子	神戸女子大学	
【執　筆】	相澤 譲治	（前出）	本書のねらいと学習内容
	與那嶺 司	神戸女学院大学	第1章
	滝口 真	大分大学	第2章
	安井 理夫	関西福祉科学大学	第3章
	岡崎 幸友	関西福祉大学	第4章
	河村 ちひろ	埼玉県立大学	第5章
	大野 まどか	大阪人間科学大学	第6章
	渋谷 哲	淑徳大学	第7章第1節
	大山 博幸	十文字学園女子大学	第7章第2節
	植戸 貴子	（前出）	第8章・第9章第5・6節
	山辺 朗子	元・龍谷大学	第9章第1〜4節
	宮崎 清恵	神戸学院大学	第10章

まえがき

　今日の日本は、少子高齢化や格差の拡大に伴い、誰もが社会福祉の課題に直面する、あるいは隣り合わせの社会となっている。しかも、人びとの生活課題はますます多様化・複雑化・複合化してきている。このような状況のなか、さまざまな生活問題や福祉課題を解決していく有効な方策の一つとして、ソーシャルワーカーの働きへの期待が急速に高まってきている。

　本書では、「ソーシャルワークとはどのような営みなのか」「ソーシャルワーカーとはどのような専門職なのか」を学ぶ。従来の社会福祉士の業務とされた「相談援助」に留まらず、幅広い視野と長期的な展望を持ち、ミクロ・メゾ・マクロにわたる実践ができるソーシャルワーカーをめざした学びである。

　ソーシャルワークとは、①一人ひとりのクライエントに寄り添いながら、その人の生活問題の解決や自己実現を支援することと、②誰もが等しく大切にされ、幸福を追求していくことのできる公正な社会をつくること（「ソーシャル」な視点をもつこと）、この2つに取り組む学問であり専門的な実践である。そして、人の生活や人生にかかわる、大きな責任を伴う実践であるからこそ、それを担う専門職としてのソーシャルワーカーには、高い専門性や倫理観が求められる。

　ソーシャルワークの専門性は「価値・倫理」「専門的知識」「専門的技術」の3本柱から成り立っている。本書を通してその専門性の内容と重要性を理解し、専門職としてのアイデンティティと自覚を身につけてもらいたい。ソーシャルワーカーは自分自身を道具（知識や対人援助の技術、人脈、情報などを駆使すること）として用いる専門職であるため、道具としての自分を高め磨くことが大切である。クライエントの苦しみ・痛みや喜びを共感的に理解できる「感性」、生活問題の発生メカニズムを解き明かし、状況を総合的にとらえて解決策を編み出す「知性」、クライエント・家族・地域住民・他職種などと連携しながら、問題解決と社会変革に向けて慎重かつ果敢にアクションを起こす「行動力」が必要である。

　本書での学びは、専門職としてのソーシャルワーカーになるための入り口である。単にテキストを読んで覚えるだけでなく、日々の実生活の中で多様な背景をもつ人たちと出会い、優れた文学・文化・芸術や自然に触れ、幅広い経験を積むことで、「感性・知性・行動力」を備えた、質の高い実践力をもったソーシャルワーカーをめざしてもらいたいと願っている。

2021年1月

編者　植戸　貴子

もくじ

本書のねらいと学習内容

1. 本シリーズの編集意図

　2021（令和3）年度からはじまった社会福祉士養成課程のカリキュラムにおいて、ソーシャルワーク専門科目は「ソーシャルワークの基盤と専門職」（30時間+専門30時間）と「ソーシャルワークの理論と方法」（60時間+専門60時間）の2科目（+専門2科目）である。

　伝統的な表現をすれば、ソーシャルワークの方法におけるケースワーク、グループワーク、コミュニティワーク等をふまえた「総合的かつ包括的な支援」、つまり「ジェネリック」（総合的な知識や技術）の視点に基づくクライエント支援の理念と専門的知識、技術について学習する科目として位置づけられている。

　なお、旧カリキュラムでは、下記の「社会福祉士及び介護福祉士法」第2条の社会福祉士の定義に倣い「ソーシャルワーク」は「相談援助」と表記されていたが、新カリキュラムでは、従来から社会福祉の援助技術の総称として使われていた「ソーシャルワーク」と表記するようになった。

社会福祉士及び介護福祉士法　第2条
　この法律において「社会福祉士」とは、第28条の登録を受け、社会福祉士の名称を用いて、専門的知識及び技術をもって、身体上若しくは精神上の障害があること又は環境上の理由により日常生活を営むのに支障がある者の福祉に関する相談に応じ、助言、指導、福祉サービスを提供する者又は医師その他の保健医療サービスを提供する者その他の関係者（第47条において「福祉サービス関係者等」という。）との連絡及び調整その他の援助を行うこと（第7条及び第47条の2において「相談援助」という。）を業とする者をいう。

　社会福祉士は、福祉に関する「相談」、「助言」、「指導」および他専門職との「連絡」、「調整」、「その他の援助」の相談援助を含めたソーシャルワークを行う専門職である。また、ソーシャルワーク専門職である社会福祉士の役割については、厚生労働大臣の諮問機関である社会保障審議会において次の3つの内容が示されている[1]。
①社会福祉士は、高齢者支援、障害児者支援、子ども・子育て支援、生活困窮

者支援等の幅広い分野で活用されている。また、社会保障分野のみならず、教育や司法などの分野においてもその活用が期待されている。

②少子高齢化の進展など、社会経済状況の変化によるニーズの多様化・複雑化に伴い、既存の制度では対応が難しいさまざまな課題が顕在化してきている。また、子ども・高齢者・障害者など全ての人々が地域、暮らし、生きがいを共に創り、高め合うことができる「地域共生社会」の実現を目指しており、社会福祉士には、ソーシャルワークの機能を発揮し、制度横断的な課題への対応や必要な社会資源の開発といった役割を担うことができる実践能力を身につけることが求められている。

③地域共生社会の実現に向けた各地の取組には、社会福祉士が中心となり、地域住民等と協働して地域のニーズを把握し、多職種・多機関との連携を図りながら問題解決に取り組んでいる事例などがある。地域の様々な主体と連携した取組が必要となる中で、社会福祉士には、地域住民の活動支援や関係者との連絡調整などの役割を果たすことが求められている。

　本シリーズでは、上記で示された役割を担う「社会福祉士」の養成を含みつつも、さらに「相談援助」業務に限定されない真のソーシャルワーカーの養成を目標とした内容とした。それは「国際ソーシャルワーカー連盟・国際ソーシャルワーク学校連盟」の「ソーシャルワーク専門職のグローバル定義」をふまえたソーシャルワーカーの養成をしていくことが妥当と考えたからである。

ソーシャルワーク専門職のグローバル定義（2014年）

　ソーシャルワークは、社会変革と社会開発、社会的結束、および人々のエンパワメントと解放を促進する、実践に基づいた専門職であり学問である。社会正義、人権、集団的責任、および多様性尊重の諸原理は、ソーシャルワークの中核をなす。ソーシャルワークの理論、社会科学、人文学、および地域・民族固有の知を基盤として、ソーシャルワークは、生活課題に取り組みウェルビーイングを高めるよう、人々やさまざまな構造に働きかける。

　この定義は、各国および世界の各地域で展開してもよい。

　ソーシャルワークは、人々が主体的に生活課題に取り組みウェルビーイング（人間一人ひとりのしあわせ）を高めるために、多様な人々とともにさまざまな構造にはたらきかけている実践であり、学問である。そして、ソーシャルワークは人と環境の接点にはたらきかけることに固有性があり、エコロジカルな視点が前提となる。人と環境との接点およびその双方にはたらきかける特性をもつ。

以上の基本的視点をふまえて、本シリーズでは「ソーシャルワーク」「ソーシャルワーカー」の表記を使用している。そして、それらの表現を使用し、ソーシャルワークの価値、倫理と専門的知識と技術をふまえ、ソーシャルワーカー養成にこだわったシリーズと章構成としている。また、「ソーシャルワーク教育」ではなく、「ソーシャルワーカー教育」としたのは、専門職者である人材育成を展開する視点から教授内容を検討したからである。

　国民の生活課題がますます多様化・拡大化・複合化しているなかで、ソーシャルワーカー自身が、より深く、広い専門知識と技能を修得することが求められている。したがって生活支援の専門職者であるソーシャルワーカー養成はますます重要視され、高度化していくであろうし、ソーシャルワークを教授する側、学ぶ側双方の真摯な学びが不可欠であるといえる。

２．本書の目標と学習課題

　本書は、教育課程の科目でいえば、「ソーシャルワークの基盤と専門職」に相当する。しかし、前述したように、国の通知による本科目の教育内容を視野に入れつつも、ソーシャルワーカー教育に必要な内容を吟味した。参考までに社会福祉士養成カリキュラムにおける本科目の「教育に含むべき事項」について紹介すると、以下の７点である。

---

　①　社会福祉士及び精神保健福祉士の法的な位置づけ
　②　ソーシャルワークの概念
　③　ソーシャルワークの基盤となる考え方
　④　ソーシャルワークの形成過程
　⑤　ソーシャルワークの倫理
　⑥　ソーシャルワークに係る専門職の概念と範囲
　⑦　ミクロ・メゾ・マクロレベルにおけるソーシャルワーク
　⑧　総合的かつ包括的な支援と多職種連携の意義と内容

　これらの学習内容のねらいは、ソーシャルワーカーをめざす人たちにとっては基本的事項といえる。しかし、ソーシャルワークをはじめて学ぶ人にとっては抽象的でもある。そこで、本書ではこれらを具体的に学ぶ章構成として、まず「現代社会におけるソーシャルワークの意味と専門職」（第１章）を学んだうえで、「ソーシャルワークの定義と構成要素」と「基盤となる考え方」＝価値について（第２、３章）学習する。そして、「ソーシャルワーカーの倫理」（第４章）と「形成過程」（第５章）、「ソーシャルワーカーの概念と範囲」（第６章）

と行政や民間施設等ソーシャルワーカーが所属する組織等を学ぶ（第7章）。引き続き、ソーシャルワークにおける「ミクロ・メゾ・マクロ」の各領域での対象と関連性、支援の実際を学び（第8章）、最後に、近年のソーシャルワークのトレンドとなるキーワード「ジェネラリストの視点」「総合的かつ包括的なソーシャルワーク」（第9章）および「チームアプローチ」（第10章）について学ぶ。

　以上の内容でわかるように、本書で学習する際のキーワードは、ソーシャルワーク、価値と倫理、ジェネラリスト、総合的かつ包括的な視点、チームアプローチ（多職種連携）等である。また、ソーシャルワーカーが働く場や組織の基本的事項を学習する。

　介護や看護と違い、ソーシャルワーカー自身の業務はみえにくい側面をもつ。また、本書で学ぶソーシャルワークの歴史、価値、倫理も抽象度の高い学びにならざるをえない。そこで、たとえば、ソーシャルワークの形成過程については、各時代の国民生活の様子を小説（E.ディケンズ『オリバー・ツイスト』など）や写真集（『写真記録日本生活史』日本図書センター）などと合わせて実感していくこともおすすめしたい。また、価値や倫理は①具体的な事例を素材としながら学んでいくこと、②人権に関する有名な裁判や事件を活用していくことが望まれよう。

　現代社会において社会的な援護を要する人たちがかかえる福祉（生活）課題は、確実に拡大している。また、よりよく生きる（well-being）ことが阻害される要因が増加していることも現実である。

　そこで、本書では大きく次の2点を念頭に学んでほしい。

　一つは、ソーシャルワーカーの具体的なイメージを学ぶことである。どのような組織、機関において、どのような専門的価値に基づいて、ソーシャルワーカーは従事しているのかを意識することである。

　もう一つは、ソーシャルワーカーの社会的必要性の認識である。ソーシャルワークの形成過程をふまえながら、現代社会において、ソーシャルワーカーが他専門職者（インフォーマルな人的資源を含む）との連携（チームアプローチ）により、さまざまな生活課題をクライエントとともに解決する役割を担っている専門職者の視点で学ぶことである。

　現在、社会福祉士資格をもつソーシャルワーカーが福祉領域のみではなく、さまざまな実践分野で活躍している。たとえば、刑務所に福祉専門官として常勤配置されることになった。また、防衛省や自衛隊所管の病院では社会福祉士資格をもつ医療ソーシャルワーカーの募集もなされている。ソーシャルワーカーの社会的必要性の認知が広がってきている証左といえる。

3．本書を学ぶ際の基本的文献

　本書はソーシャルワークを学んでいくにあたって、テキストとして必要な項目を網羅的に編集して構成している。したがって、本書での学びを進めていくうちに、もう少し深い内容を学んでみたい、また、他の研究書も参考にしてみたい、という場合もあるだろう。そこで、本書の学びをより充実するための文献を紹介するので、本書と併せてぜひ一読することをお勧めしたい（※は、本書で引用されている文献）。

① 国際ソーシャルワーク学校連盟（IASSW）・国際ソーシャルワーカー連盟（IFSW）『ソーシャルワークの定義　ソーシャルワークの倫理：原理についての表明、ソーシャルワークの教育・養成に関する世界基準』相川書房　2009年

② S.C.コーズ著、小島蓉子他訳『ソーシャルワークの根源―実践と価値のルーツを求めて―』誠信書房　1989年

③ 伊藤淑子『社会福祉職発達史研究―米英日3ヶ国比較による検討―』ドメス出版　1996年（※）

④ 50周年記念誌編集委員会編『日本の医療ソーシャルワーク史―日本医療社会事業協会の50年―』川島書店　2003年（※）

⑤ 宮田和明ほか編『社会福祉専門職論』中央法規出版　2007年（※）

⑥ 奥田いさよ『社会福祉専門職性の研究―ソーシャルワーク史からのアプローチ　わが国での定着化をめざして―』川島書店　1992年（※）

⑦ C.S.レヴィ著、B.ヴェクハウス訳『社会福祉の倫理』勁草書房　1983年（※）

⑧ C.S.レヴィ著、小松源助訳『ソーシャルワーク倫理の指針』勁草書房　1994年（※）

⑨ フレデリック・G・リーマー著、秋山智久監訳『ソーシャルワークの価値と倫理』中央法規出版　2001年

⑩ 日本社会福祉士会倫理委員会編『社会福祉士の倫理―倫理綱領実践ガイドブック―』中央法規出版　2007年

⑪ L.C.ジョンソン・S.J.ヤンカ著、山辺朗子・岩間伸之訳『ジェネラリスト・ソーシャルワーク』ミネルヴァ書房　2004年（※）

⑫ ニール.ソンプソン著、杉本敏夫訳『ソーシャルワークとは何か―基礎と展望―』晃洋書房　2004年

⑬ スーザン.ケンプ・ジェームス.ウィタカー・エリザベス.トレーシー著、横山穣他訳『人―環境のソーシャルワーク実践　対人援助の社会生態学―』川島書店　2000年

⑭ 山辺朗子『ジェネラリスト・ソーシャルワークの基盤と展開―総合的包括的な支援の確立に向けて―』ミネルヴァ書房　2011年

⑮ ゾフィア・T・ブトゥリム著、川田誉音訳『ソーシャルワークとは何か―その本質と機能』川島書店　1986年（※）

⑯ 日本社会福祉士会編『地域共生社会に向けたソーシャルワーク―社会福祉士による実践事例から―』中央法規出版　2018年

⑰ 岩間伸之ほか『地域を基盤としたソーシャルワーク―住民主体の総合相談の展開―』

中央法規出版　2019年

⑱　フレデリック・G・リーマー著、秋山智久監訳『ソーシャルワークの哲学的基盤—理論・思想・価値・倫理—』明石書店　2020年

【引用文献】

1）社会保障審議会福祉部会人材確保専門委員会「ソーシャルワーク専門職である社会福祉士に求められる役割等について」2018年

第1章 | 現代社会におけるソーシャルワークの意味と専門職

【学びの目標】

　私たちは、互いに支え合いながら日常生活を過ごしている。一方で支え合う関係を失った、または失いかけている人も多く存在する。ソーシャルワークの役割は、そのような支え合う関係をつくり、維持し、また回復することであるともいえる。そのような役割を担うソーシャルワーカーとして、社会福祉士や精神保健福祉士は、それぞれの根拠法令に基づき日々の業務に取り組み、そして、そのなかで専門職としての専門性を培っている。そこで、本章では具体的に以下の4点について学ぶ。

① 　支え合う関係の大切さとソーシャルワークの役割について学ぶ。
② 　社会福祉士と精神保健福祉士の制度の成り立ちなどについて理解する。
③ 　社会福祉士と精神保健福祉士の定義および義務などについて学ぶ。
④ 　社会福祉士と精神保健福祉士の専門性について理解する。

1. 支え合うつながりをつくるソーシャルワーク

（1）支え合う私たちの日常生活

　私たちは、互いに支え合いながら日常生活を過ごしている。身近なところでは、家族や友人に支えられ、そしてまた、それらの人々を支えている。少し身近に感じにくいかもしれないが、私たちが着る「服」も口にする「食べ物」も、また、住まう場所である「住居」も、誰かの手によってつくられたものであり、それらのものによって、私たちの日常は支えられている。さらに、支えることを通して、自分の生き方を模索したり、自分が自分であるというアイデンティティを形成する人もいる。そこでは「支える」ことが、直接的に「支えられる」ことを意味しているのかもしれない。

　一方で、支えるという行為にはネガティブな側面もある。例えば、他者を過

剰に支えることは、相手を依存的にさせ、結果として、その人の主体性を奪うことにもなる。また、「支える」ことでしか自らのアイデンティティを維持できない人は、支えることに専念するあまり、その人自身や家族の生活基盤を揺るがすこともある。そう考えると、一見「よいこと」のように思える「支える」という行為は、同時に負の側面ももち合わせていることがわかる。

　最近では、「無縁社会」や「孤独死」といった言葉が、社会的な注目を浴びるようになった。これらの言葉からも、近年、私たちの社会において、人と人とのつながり、すなわち、支え合う人間関係が希薄化・弱体化していることがわかる。一方で、職場におけるビジネスライクな関係、facebookやLINEといったSNSを介した親密な関係、スポーツや趣味を通してつながった気さくな関係など、多彩なつながりを生活に見出すことができる。また、東日本大震災を経験して以来、「絆」という言葉が、メディアをはじめ多くの人から聞かれるようになった。私たちの支え合う人間関係は、なおも、さまざまなつながりのなかで機能しているといえる。この点については、社会学者の上野千鶴子も、「地域」「家族」「会社」を基盤とする地縁、血縁、そして社縁といった「選べない縁」とは異なり、「選べる縁」（選択縁）が別のかたちで広がっていることを指摘している[1]。このようにみてみると、その質や量は変われども、支え合うつながりを通して私たちの日常生活は営まれているといえるだろう。

（2）互いに補い合う人間関係：「自分探し」キャンプでの経験

　今から30年ほど前になる。高校生であった私は、学校の成績や運動能力、そして人間関係などで悩みを抱えていた。「自分がしたいことは何か」「自分に生きる価値があるのか」といったことを悶々と考えていた。そんな時、高校で配付された新聞の小さな募集広告に目を留める。そこには、「障害者とともに過ごす、150人びわ湖大キャンプに参加してみませんか？」と書かれていた。「障害」や「介助」といったことについては、ほとんど知らなかったが、何となくその大キャンプに参加してみることにした。4日間にわたったそのキャンプでは、障害のある人が50名近くであったのに対し、障害のない人、いわゆる健常者が100名程度参加していた。割合的には、2対1での介助が求められる状況である。介助される人にも、介助する人にも、なかなかハードな日程だったように思う。ただ、そんな大変なキャンプのなかで、多くの参加者がそれなりに楽しそうな時間を過ごしていた。そのときに、ふと思ったことがある。それは、障害のあるなしに関わらず、それぞれが自分の「できない」ところを見せ、同時に自らの「できる」力を活用して他者と関わっているからこそ、多くの人が

それなりに満足げな顔をしているのかもしれないと。

　そのキャンプには、さまざまな人が参加していた。身体障害、知的障害、そして精神障害のある人、あるいは、複数の障害を合わせもつ人。また、年齢でいうと小学生くらいの子どもから、高校生や大学生といった若者、そして70歳あたりの高齢の人。加えて、海外からの留学生や学校に通学できない不登校の子ども。まさに、多様な特徴をもった人々が集まっていた。そこでは、それぞれがトイレや入浴ができない、料理ができない、言葉がうまく使えない、学校に行けないといった、いわゆる「できない」ことをもちつつ、一方で介助ができる、料理を教えることができる、人間関係の相談にのることができる、通訳ができるなど、それぞれの、いわゆる「できる」ことでもって、まわりの他者を支えていた。参加する人々が、互いの「できない」ことを、互いの「できる」ことでもって補い合う。その姿は、「へこんだ」ところ（凹部）と「出っ張っている」ところ（凸部）を同時にもつジグソーパズルのそれぞれのピースが、互いに補い合い、全体として一つのきれいな絵を描いているようにも見えた。

　それぞれの参加者がもつ「できること」と「できないこと」をうまく組み合わせ、支え、そして支えられること、つまりは、支え合うことの可能性とその大切さをこの「自分探し」のキャンプで実感した。

（3）生き残るために支え合う

　このキャンプで実感した、支え合うことの可能性と大切さを教えてくれる本がある。それは、クロポトキン（Kropotkin, P.A.）の『増補修訂版　相互扶助論』である。1902年に単行本として出版されたかなり古い本であり、また、ロシアの思想家としても、アナキストとしても有名な著者ではあるが、人が互いに「支え合う」ことを考えるうえで、一読の価値がある書籍であるといえる。

　クロポトキンは、ダーウィンの影響を受けた「進化論」者の一人でもある。一方で、ダーウィンの提示した「適者生存の原理」や「生物界の不断の闘争と生存競争の法則」といった点を強く批判した。これに対して、クロポトキンは、互いに助け合う「相互扶助」の原理を受け入れ、それを引き継いだ種のみが自らを進歩させ、進化し、そして維持することができていると主張している。

　確かに、人間を含めた生物界には生存競争というのがある。一見すると、人類の歴史は、「争いの歴史」であるかのようにも見える。ただ、よく観察してみると、互いに助け合うという「相互扶助」の原則のほうが、よりはっきりと示されているとクロポトキンは説明する。そして、この原則は、多くの動物に見られ、哺乳類はもとより、仲間の死を悲しむ鳥、アリの共同生活における団

結、仲間の危機を助けるカニなど、多くの事例をあげて説明している。

　さらにクロポトキンは、「相互扶助」、つまり支え合うことは、無意識のものであり、愛や同情ではない、本能であるとしている[2]。そして、互いに争うのではなく、支え合うことで持続可能で豊かな社会づくりが可能になると語っている。古い本だが、互いを支え合うことの重要性を改めて私たちに教えてくれる。

（4）「できない」ことでもって支え合う

　私は、その「自分探し」のキャンプにおいて多様な人と関わり、「勉強ができない」「スポーツができない」といった極めて限定された狭い基準でしか自分を評価できなかったことを反省した。それとともに、人には「できる」ところと「できない」ところが何かしらあり、それらを補い合って「社会」というパズルをつくり上げていることに気づかされた。また、「できない」ことがあっていい、いや、「できない」ことがあるほうが、他者とつながっていくには都合がいい場合もあるかもしれないと感じた。先ほどのパズルのたとえでいうと、「できない」ことがない、つまり、凹部のないパズルのピースでは、他のピースと「がっちり」と組み合わない。凹部があるからこそ、他のピースとしっかりと組み合った「いい感じ」の絵が完成する。

　そもそも、すべてにおいて「できる」人はいないし、同様にすべてにおいて「できない」人もいない。つまり、すべての人は何らかのことが「できる」ということになる。例えば、相当に重い心身の障害のある人であっても、一生懸命に生きるその姿によって、私たちに「生きる意味」を伝えることが「できる」。わが国の障害者福祉の第一人者である糸賀一雄はこう語っている[3]。

> 　ちょっと見れば生ける屍のようだとも思える重症心身障害のこの子が、ただ無為に生きているのではなく、生き抜こうとする必死の意欲をもち、自分なりの精いっぱいの努力を注いで生活しているという事実を知るに及んで、私たちは、いままでその子の生活の奥底を見ることのできなかった自分たちを恥ずかしく思うのであった。重症な障害はこの子たちばかりではなく、この事実を見ることのできなかった私たちの眼が重症であったのである。

　続けて、糸賀は、彼らはこのような相当に重い障害をもつがゆえに、多くの他者との関わりをもたざるをえず、また、もつことができているのだとも語っている。私たちは、このような重症心身障害がある人を目の前にすると、その

人から何かを学ぶということを想像することが難しいように思う。しかし、それは、その人が何も「できない」からではなく、その人に関わる周りの私たちが、重症心身障害のある人の「できる」部分を見ることが「できない」からであることがわかる。そう考えると、私たちはみな、それぞれの「できる」ことと「できない」ことでもって、互いを補いあうことができ、また、そのようにしていると考えられるのかもしれない。

（5）支え合うつながりを失う人々

　ただ、現代社会では日常生活には欠かせないこのような支え合うつながりを失ってしまう、または失いかけている人も少なくない。そのようなつながりの喪失は、さまざまな問題を引き起こす。例えば、貧困、孤独死・無縁死、虐待・暴力、殺人、自死などがある。実際に、次のような事件が起こっている。

姉妹の病死・凍死[4]：2012年1月、42歳の姉が失業中に公共料金を滞納し、ガス・電気が止められているなか、姉が病死し、知的障害のある40歳の妹が凍死していた。アパート管理会社から「昨年12月中旬から連絡が取れない」と警察に通報があり発見された。

居所不明児童の餓死[5]：2014年5月、生きていれば13歳の男子が白骨化した遺体で発見された。この男子は一度も学校に通っておらず、児童相談所から「所在不明の男子がいる」との連絡を受け警察が調べていた。5歳の頃に育児放棄により餓死したようだ。

老老介護による殺害[6]：2020年4月、81歳の妻を刺殺したとして82歳の夫が殺人容疑で逮捕された。衰弱する認知症のある妻の世話を続けていたという。警察の調べに夫は「疲れ果て、将来を悲観した」「自分は死ねなかった」と話していた。

　これらは必ずしもまれな事件ではない。障害のある人とその家族の孤立化、居所不明児童、そして老老介護という状況が関係した事件は多く報道されている。現代社会では、このように、本来支え合うつながりのなかで成立している生活に支障をきたし、それが大きな問題につながる事例が少なくない。

（6）支え合うつながりをつくるソーシャルワーク

ソーシャルワークは、そのような支え合うつながりを失った、または失いかけている人々を支援する営みである。杉野は、ソーシャルワークは、さまざまな「生きづらさ」を生み出す「個人と社会の関係の不調和」、あるいは「社会関係の困難」を調整し、改善していく援助であり、社会的な「つながり」を喪失した、あるいは喪失しつつある人に対して、「つながりの回復」をもたらす実践であると語っている[7]。その「つながり」を構築または再構築する関わりのなかで、孤立化、居所不明、老老介護などによって命が奪われることがないよう、また、そこまで至らないにしろ、つながりの希薄化・弱体化ゆえに抱える「生きづらさ」に人が押しつぶされないように支援を行う仕事であるといえる。

「社会福祉」という言葉のもともとの意味は、「幸せ」である。福祉を意味するwelfareという英語の語源も、「うまくいっている状態」、つまり「幸せ」を意味する。また、社会福祉は、単なる私的な幸福ではなく「社会」にいる誰もが必要とする幸福という意味が含まれている。社会にいる誰もが必要とする幸福を実現するにはどうすればいいか。その端的な答えが「支え合う」という方法である。そして、その支え合う社会づくりのために、ソーシャルワーカーは、第8章にあるように、ミクロ（個人・家族）、メゾ（集団・組織・機関）、マクロ（地域・社会）の包括的な視点をもってさまざまな働きかけを行う。

もちろん、この世に生きているすべての人が、すぐに「幸福」になることはないだろう。ただ、一人でも多くの人が、一つでも多くの家族が、あるいは、一つでも多くの地域が「幸せ」になるように、少しでも前進することをあきらめない。そんな支え合うつながりを希求する専門職、それがソーシャルワーカーであるといえる。

2．社会福祉士の成り立ちと概要

わが国では、ソーシャルワーカーとして、社会福祉士と精神保健福祉士という2つの国家資格がある。社会福祉士は、1987（昭和62）年に制定された「社会福祉士及び介護福祉士法」により、わが国ではじめての社会福祉専門職の国家資格として誕生した。一方、精神保健福祉士は、それから10年後の1997（平成9）年に「精神保健福祉士法」として法制化された国家資格である。

どちらもわが国におけるソーシャルワーカーの国家資格であるが、それぞれ

の資格が制度化されるまで異なる歴史的経緯がある。そこで、まず社会福祉士制度の成り立ちを理解しつつ、現在の法律上の定義および義務についてみてみたい。

（1）社会福祉士制度の成り立ちとその見直し

　わが国における福祉専門職としては、1947（昭和22）年に制定された児童福祉法のもとに位置づけられた保育所等で働く保母（現・保育士）と、1951（昭和26）年に制定された社会福祉事業法（現・社会福祉法）の社会福祉主事制度に遡ることができる。

1）社会福祉主事の任用と課題

　社会福祉主事は国家資格ではなく、本来的には福祉事務所に配置すべき所員として位置づけられたが、その任用要件は、特別養護老人ホームをはじめとする民間の社会福祉施設の施設長や生活相談員等の職員要件としても準用されている。ただ、社会福祉法に規定する社会福祉主事の任用要件を見てみると、必ずしも社会福祉に関して体系化された専門的な教育を受けた者でなくても社会福祉主事として任用することが可能なしくみとなっている[8]。そこには、この任用資格ができた当時の状況がある。当初、社会福祉主事は、生活保護行政のために設置されたが、それを担う全国の福祉事務所に配置するだけの新しい専門職を短期間に養成することは難しかった。そこで、社会福祉主事の専門的な教育課程を整備する一方で、4年制大学で所定の3科目の単位を取得した者にもこの任用資格を与えるという「抜け道」を講じた[9]。これは一般にいう「3科目主事」[*1]と呼ばれる制度だが、短期間に多数の社会福祉主事を任用しなければならないという制度発足当時の事情により緊急避難的に導入された制度であり、一定の年数が経過した後は廃止されるべき制度であった。ところが、社会福祉分野に限定せずオールラウンドな一般職を採用したいという自治体からの要望によって、一般職を社会福祉主事として任用できる「3科目主事」制度が今日に至るまで継続している。

　その後、わが国の社会福祉制度は福祉六法体制になり、それらの法制度の整備・充実にともない、社会福祉の対象が広がると同時に、社会福祉を担う人材、特に福祉施設等で働く人材が増加した。そのような状況のなかで、福祉現場におけるマンパワーの確保とその専門的資質や能力のあり方が課題となった。そこで、厚生大臣（現・厚生労働大臣）の諮問機関である中央社会福祉審議会において、社会福祉職員のあり方についての議論が行われた。その結果、1971（昭

*1　大学等で厚生労働大臣が指定する社会福祉に関する科目を3科目以上履修して卒業した者のことをいう。この3科目には、社会福祉関連科目の他に、例えば「教育学」「社会学」「看護学」「公衆衛生学」「家政学」「栄養学」なども含まれている。

和46）年に、一定の専門性が担保された社会福祉従事者のための資格制度として「社会福祉士法」制定試案が公表される。ただし内容に曖昧な点が多く、また、各界からの反対意見もあり、この試案は法案提出には至らなかった[10]。

2）社会福祉士及び介護福祉士法制定の背景

その後、平均寿命の延びによる人口の高齢化とそれにともなう要介護高齢者の増大、社会構造の変化にともなう新たなニーズの出現、そして、新しい福祉サービス供給主体の質の確保などが対処すべき政策課題となった。そこで、「社会福祉士法」制定試案の公表から10年以上が過ぎた1987（昭和62）年に、「社会福祉士及び介護福祉士法」が成立することになる。これにより、わが国初となる相談援助を行う福祉専門職の国家資格が誕生することとなった。

それまで福祉専門職として位置づけられていた保育士と社会福祉主事については、歴史的に見ても特に保育所と福祉事務所において大きな役割を果たしてきた。しかし高齢社会の進展とともに高齢者への介護が社会問題となり、そのニーズに対応するにはこの2職種では不十分であった[11]。そこで、この法律では、高齢者介護等を中心とした福祉専門職としての介護福祉士を、いわば法的出発点として位置づけられている。それを支援し、ときにスーパーバイズするソーシャルワーク専門職として社会福祉士が位置づけられた経緯がある[12]。

加えて、社会福祉士及び介護福祉士法が制定された社会的背景として、以下の2点が指摘されている[13]。一つには高齢化が進み、シルバーサービスなどの民間の福祉産業が活発化するなど、社会福祉を取り巻く環境が大きく変化してきたことなどを契機に、あらためて社会福祉従事者の専門職資格をつくることになった点である。また、もう一つは、1986（昭和61）年に第23回国際社会福祉会議が東京で開催され、欧米先進国と比べて日本のソーシャルワーカーの資格化が不十分であることが指摘されたことも本制度の創設に影響を与えたとされる。

その後、高齢化はさらに進展し、認知症高齢者への対応や介護予防等といった介護ニーズが高まり多様化も見られた。そこで、より一層のサービス供給体制の整備と財政基盤の確立のために社会福祉基礎構造改革が行われ、2000（平成12）年には介護保険制度が、2003（平成15）年には障害者分野に支援費支給制度が導入される。これにより、行政が福祉サービスの配分を決定する「措置制度」から、利用者が選択し自己決定したうえで事業者と対等な立場で契約をする「契約制度」へと移行した。それにともない、福祉サービス利用援助事業や成年後見制度など利用者の権利を擁護するしくみも創設された。また、在宅サービスを主とした地域生活支援がより一層強く求められ、誰もが安心して地

域で自立した生活を営むために、福祉サービスの充実だけでなく地域のネットワークづくりも必要とされた。

3）社会福祉士制度の見直し

　このように、1988（昭和63）年に社会福祉士及び介護福祉士法が施行されてから約20年が経過し、社会福祉士を取り巻く社会状況と福祉制度が大きく変化した。また、社会福祉士については、その社会的認知度の低さや養成教育のあり方等に関する課題が指摘されることになった。そこで、社会福祉士のあり方について、人材の確保や資質の向上を図ることを目的とした見直しが必要という議論が高まり、2007（平成19）年に、社会福祉士及び介護福祉士法の改正が行われた。そこでは、①定義規定の見直し、②義務規定の見直し、③資格取得方法の見直し、④社会福祉士の任用・活用の促進の４項目について改正が行われた。また、この社会福祉士及び介護福祉士法の改正にともない、社会福祉士の養成カリキュラムの内容や実習・演習教育のあり方など、社会福祉士の質の向上をめざして大幅な見直しがなされた。

　そして、その後の社会状況の変化や法制度の創設等をふまえ、ソーシャルワーク機能を発揮できる実践能力の修得が図れるよう、2019（令和元）年に社会福祉士養成課程の見直しが行われている。見直しの主な点は、①養成カリキュラムの内容の充実、②実習及び演習の充実、③実習施設の範囲の見直し、④共通科目の拡充の４点である。この新しいカリキュラムについては、2021（令和３）年度より順次開始される。

（2）社会福祉士の定義と義務

　社会福祉士は法律で規定された国家資格であるが、関係する法令においてどのように定められているのかをみてみよう。ここでは、2007（平成19）年に改正された社会福祉士及び介護福祉士法をもとに、その定義と義務について確認したい。

1）社会福祉士の定義

　社会福祉士は、法律ではどのように定義されているのだろうか。まず、法律の第２条第１項の「定義」をみてみよう。

社会福祉士及び介護福祉士法

> 定 義
> **第2条** この法律において「社会福祉士」とは、第二十八条の登録を受け、社
> 会福祉士の名称を用いて、専門的知識及び技術をもつて、身体上若しくは精神
> 上の障害があること又は環境上の理由により日常生活を営むのに支障がある
> 者の福祉に関する相談に応じ、助言、指導、福祉サービスを提供する者又は医
> 師その他の保健医療サービスを提供する者その他の関係者（第四十七条におい
> て「福祉サービス関係者等」という。）との連絡及び調整その他の援助を行う
> こと（第七条及び第四十七条の二において「相談援助」という。）を業とする
> 者をいう。

　2007（平成19）年の法改正により「福祉サービスを提供する者又は医師その
他の保健医療サービスを提供する者その他の関係者（第四十七条において「福
祉サービス関係者等」という。）との連絡及び調整」が追加された。社会福祉
士の行う「相談援助」の例として、それまでの「福祉に関する相談に応じ、助
言、指導を行うこと」に加え、福祉サービスを提供する者や医師を含めたその
他の関係者との連絡・調整もその内容に含めることになった。そのことによっ
て、相談援助が支援を要する人への個別・具体的な支援を関係者との連携のも
とに総合的、そして包括的に行っていくことが強調されている。
　また、このような変更の背景には、介護保険制度の導入や障害者自立支援法
（現・障害者総合支援法）の制定などにより、相談援助において福祉の支援を
要する人々が福祉サービスを選択し、自らが望む生活や人生を実現できるよう
に支援するという考えが基底にあるとされる[14]。そのためには、自らが望む生
活や人生を明らかにし、そのためにどのような資源や支援が必要であるのか、
どのような条件や制約があるかなどを考えなければならない。その手間のかか
るプロセスを支えながら、その人の主体的な生活を実現していくことが相談援
助であるともいえる。
　さらに、「その他の関係者」においては、福祉サービスを提供する者や医師
を含めた保健医療サービスを提供する者以外の「その他の関係者」を含む。そ
こには、教育や労働、消費生活問題、さらには権利擁護にあたる担当者、民生
委員・児童委員や地域における見守りやボランティア活動を行う人等、幅広い
関係者が含まれ、まさに支援を要する人を中心とした支援ネットワークを通し
た相談援助システムを構築することを想定している[15]。

2）社会福祉士に求められる義務

　社会福祉士及び介護福祉士法では、社会福祉士の定義とともに、社会福祉士が「行わなければならない」、または「してはならない」義務が規定されている。まず、この法律において、社会福祉士にはどのような義務があるのかについてみてみよう。社会福祉士に求められる義務には、「誠実義務」（第44条の２）、「信用失墜行為の禁止」（第45条）、「秘密保持義務」（第46条）、「連携」（第47条）、「資質向上の責務」（第47条の２）、そして「名称の使用制限」（第48条）がある。2007（平成19）年の法改正では、これらの義務規定の一部も見直された。ただし、以下の「信用失墜行為の禁止」「秘密保持義務」そして「名称の使用制限」については、その内容に変更はない。

社会福祉士及び介護福祉士法

> **信用失墜行為の禁止**
> **第45条**　社会福祉士又は介護福祉士は、社会福祉士又は介護福祉士の信用を傷つけるような行為をしてはならない。
> **秘密保持義務**
> **第46条**　社会福祉士又は介護福祉士は、正当な理由がなく、その業務に関して知り得た人の秘密を漏らしてはならない。社会福祉士又は介護福祉士でなくなつた後においても、同様とする。
> **名称の使用制限**
> **第48条**　社会福祉士でない者は、社会福祉士という名称を使用してはならない。

　なお、社会福祉士は「名称の使用制限」において規定されているように、「業務独占」ではなく「名称独占」の資格である。業務独占の資格としては、医師、看護師、弁護士、そして公認会計士などがある。また、同じような名称独占の資格としては、保育士や栄養士などがある。そのため、社会福祉士ではなくても社会福祉分野における相談援助の仕事を担えるが、社会福祉士の資格をもたない人は「社会福祉士」を名乗って仕事をすることはできないことになる。ただ、次項で説明するが、近年では、社会福祉士資格をもってその任用等の条件とする動きが広がりつつある。

　これらの義務規定に加えて、法改正において以下の「誠実義務」と「資質向上の責務」が追加された。

社会福祉士及び介護福祉士法

誠実義務

第44条の2 社会福祉士及び介護福祉士は、その担当する者が個人の尊厳を保
持し、自立した日常生活を営むことができるよう、常にその者の立場に立つて、
誠実にその業務を行わなければならない。

資質向上の責務

第47条の2 社会福祉士又は介護福祉士は、社会福祉及び介護を取り巻く環境
の変化による業務の内容の変化に適応するため、相談援助又は介護等に関する
知識及び技能の向上に努めなければならない。

これは、介護保険制度や障害者自立支援法の施行など、利用者本位のサービ
ス体系への転換が行われたことを背景に、社会福祉専門職としての高い自覚と
倫理の確立、そして利用者の立場に立った活動がより一層求められていること
を示している。

また、「連携」の規定についても以下のように見直され、「総合的かつ適切に
提供されるよう、地域に即した創意と工夫を行いつつ、福祉サービス関係者等
との連携を保たなければならない」と具体的な内容が明示されている。

社会福祉士及び介護福祉士法

連携

第47条 社会福祉士は、その業務を行うに当たつては、その担当する者に、福
祉サービス及びこれに関連する保健医療サービスその他のサービス（次項にお
いて「福祉サービス等」という。）が総合的かつ適切に提供されるよう、地域
に即した創意と工夫を行いつつ、福祉サービス関係者等との連携を保たなけれ
ばならない。

社会福祉士には、それぞれの地域の実情に合わせ、各種サービス間のネット
ワーク形成や地域の福祉ニーズを的確に把握したうえで、必要に応じた支援を
展開することが求められている。そのため「連携」では、それまでは「医療関
係者との連携」が規定されていたが、法改正によって医療関係者だけではなく、
さまざまな福祉サービス関係者などとの有機的な連携が規定されることになっ
た。

（3）　社会福祉士の資格登録者数と任用状況

（1）で示した歴史的経緯のなかで制度化された国家資格の社会福祉士であるが、現在、どれくらいの社会福祉士がどのような現場で働いているのだろうか。また、どのような任用状況なのか。この点についてみておこう。

社会福祉士の現在の資格登録者数は、2020（令和2）年12月末日現在、250,346人である。なお、介護福祉士は1,753,344人、精神保健福祉士は90,839人である[16]。ちなみに、医師は、311,963人、看護師は、1,210,665人、保健師は62,118人となっている[17]。これらの数字から、社会福祉士は、介護福祉士、看護師、そして医師よりは少ないが、精神保健福祉士や保健師より多いことがわかる。

また、社会福祉士は、高齢者施設、地域包括支援センター、障害者施設、児童福祉施設、医療機関、学校、社会福祉協議会、市区町村の役所・役場など幅広い分野で活躍している。最近では、弁護士や税理士などのように、専門性を活かして個人で営む「独立型社会福祉士」として活動する社会福祉士も増えている。このような多様な活動領域のなかでも、社会福祉士の任用要件や必置規定のある場所は、図1-1のようになっている。これを見てもわかるように、

図1-1　社会福祉士および社会福祉主事の任用の状況

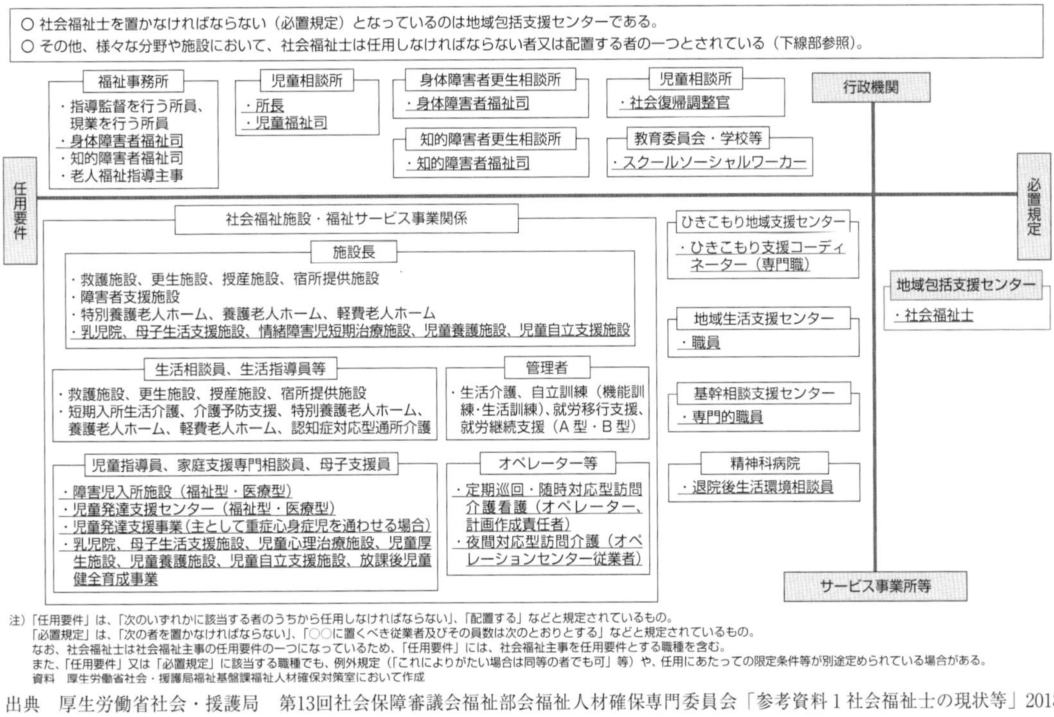

注）「任用要件」は、「次のいずれかに該当する者のうちから任用しなければならない」、「配置する」などと規定されているもの。
　　「必置規定」は、「次の者を置かなければならない」、「○○に置くべき従業者及びその員数は次のとおりとする」などと規定されているもの。
　　なお、社会福祉士は社会福祉主事の任用要件の一つになっているため、「任用要件」には、社会福祉主事を任用要件とする職種を含む。
　　また、「任用要件」又は「必置規定」に該当する職種でも、例外規定（「これによりがたい場合は同等の者でも可」等）や、任用にあたっての限定条件等が別途定められている場合がある。
　　資料　厚生労働省社会・援護局福祉基盤課福祉人材確保対策室において作成

出典　厚生労働省社会・援護局　第13回社会保障審議会福祉部会福祉人材確保専門委員会「参考資料1 社会福祉士の現状等」2018年

社会福祉士を置かなければならない必置規定があるのは、地域包括支援センターだけだが、社会福祉士が任用要件として定められている職種は、福祉分野のほか、医療、司法、学校、精神科病院等の幅広い分野に拡大している[18]。また、社会福祉士は、診療報酬、障害福祉サービス等の算定要件、そして施設基準に位置づけられており、医療や社会福祉の制度やサービスの実施において重要な役割を担っている。

3. 精神保健福祉士の成り立ちと概要

（1）精神保健福祉士制度の成り立ち

社会福祉士が制度化された10年後、1997（平成9）年に精神保健福祉士法が成立した。これにより社会福祉士と介護福祉士に次いで、社会福祉分野における3つ目の国家資格として「精神保健福祉士」が誕生した。ここでは、ソーシャルワーカーとしての精神保健福祉士という国家資格が、どのような歴史的経緯のもと成立したのかについてみていきたい。

1）精神科ソーシャルワーカーの成り立ち

わが国における精神保健福祉士の歴史は、1948（昭和23）年に国立国府台病院の精神科病棟に精神科ソーシャルワーカー（psychiatric social worker：以下、PSW）が「社会事業婦」という名称で配置されたことが始まりだとされている。

第二次世界大戦終戦後は、連合国最高司令官総司令部（GHQ）の指導で1950（昭和25）年に精神障害者の医療と保護を目的とした精神衛生法が公布され、私宅監置が廃止された。それにともない各都道府県には精神科病院の設置が義務づけられたが、この設置はなかなか進まなかった。そこで、この状況への対応として1960（昭和35）年に医療金融公庫法が施行され、精神科病院建設への優先的融資が行われたことなどにより、民間の精神科病院の設置が急速に進む。そのような民間の精神科病院の増加とともに、日本各地で精神科医療機関を中心にPSWが採用されるようになった。

また、「東海PSW研究会」や「埼玉・神奈川・東京PSW連絡協議会」などのPSWの研究会も各地で発足し、現場実践の交流を通じてその専門性の検討が進められた。そのような状況のなかで、浅賀ふさや中島さつきらの呼びかけによって、1953（昭和28）年に職能団体として「日本医療社会事業家協会」（現・

日本医療社会福祉協会）が設立される。医療の領域におけるソーシャルワーカーという共通性から、この協会に多くのPSWが専門職としての身分保障と発言権の保障を求めた。しかし、その後の施策展開に応じて、1963（昭和38）年に組織を改編した「日本医療社会事業協会」が、専門職のアイデンティティ確立よりも医療社会事業の普及にその方針を転換した。そのため、職能団体としての性格が薄れたとの判断から、また、精神科医療におけるソーシャルワーカーとしての声を集結するため、1964（昭和39）年に、日本精神医学ソーシャル・ワーカー協会を設立した。当時の会員は88名の精神科病院のPSWであった。

　1964（昭和39）年には、アメリカ合衆国のライシャワー駐日大使が統合失調症の青年に刺傷される事件が起こった。この事件が政治的な社会問題となったことから翌1965（昭和40）年に精神衛生法が改正され、精神衛生業務が保健所に位置づけられることになる。また、精神衛生センター（現・精神保健福祉センター）が設置され、保健所の精神衛生業務を支援する体制が構築された。これにともない、保健所に精神衛生相談員（現・精神保健福祉相談員）が配置されることとなった。

　また、本章第2節1項でも触れた1971（昭和46）年の「社会福祉士法」制定試案の提示に対しては、この資格が国民の生活保障につながらないこと、そしてPSWの待遇改善を含む社会福祉および精神科医療の基盤整備を図ることにつながらないことなどが指摘された。そのため、当時の日本精神医学ソーシャル・ワーカー協会の会員からの同意が得られず、その試案には賛同しなかった。

　1973（昭和48）年には、PSWの存在意義を根底から揺るがすY問題[*2]が起こっている。この問題への対応をめぐり、当時の日本精神医学ソーシャル・ワーカー協会は紛糾する。協会は、この問題に対し調査委員会を設けて検討を重ね、1982（昭和57）年に、「札幌宣言」を発表する。その宣言では、「精神障害者の社会的復権と福祉のための専門的・社会的活動を進めること」をPSWおよび協会活動の基本指針とすることを明文化した。

　その後、1983（昭和58）年に、栃木県宇都宮市にある宇都宮病院という精神科病院において、看護職員の暴行によって患者2名が死亡した事件が起こり、これが新聞報道により明らかとなった。この事件をきっかけに、1987（昭和62）年に精神衛生法が改正され、精神保健法が施行される。精神保健法には「精神障害者の人権擁護」と「社会復帰の促進」が謳われ、精神障害者社会復帰施設が設置運営されることになった。そして、この社会復帰施設の設置および運営を定める通知において、職員としてPSWが初めて明文化され、その後、配置が進むことになる。

*2　Y問題とは、精神衛生センターのPSWが、両親からの相談にもとづき、本人に直接会うことなく統合失調症と判断し、当時19歳の大学受験生だったY氏を強制入院させるに至った事件のことである。Y氏自身によって告発がなされた。

2）精神保健福祉士法の成立

　精神科病院の相次ぐ不祥事により露呈した精神医療問題を改善するために、厚生省（現・厚生労働省）では医療ソーシャルワーカーを含む医療関係職種の資格化の検討をはじめ、社会福祉士及び介護福祉士法が制定された同年1987（昭和62）年に、当時の厚生省健康政策局の「新たな医療関係職種の資格制度の在り方に関する検討会」において、社会福祉士制度の創設に合わせて「医療福祉士」（仮称）の資格が検討された。社会福祉士業務においては、福祉領域に限定し医療領域にはふみ込まないとしたことから、医療ソーシャルワーカーやPSWを含む医療関係職種を社会福祉士とは別立てで制度化することが検討されていた。

　PSWにとって、精神科医療の改善と社会復帰の促進を図るためには、国家資格があることが必要であり、資格を得ることでPSWの活動が促進されると考えていた。ただ、日本医療社会事業協会は、社会福祉士とは別の国家資格を求めないという立場をとることとなり、医療領域での業務を担うソーシャルワーカーの資格化が見送られた。こうした状況の下で、日本精神医学ソーシャル・ワーカー協会は、他の関連団体とともに、PSW単独による資格制度化をめざすこととなった。

　精神障害者の社会復帰などのためのサービス提供を担う人材の確保対策としては、1987（昭和62）年の精神衛生法の改正以来、PSWの資格化について、衆参両院で数回にわたり附帯決議が行われ、その必要性は指摘されてきた。そしてPSWの国家資格化の動きは、1995（平成7）年に成立した精神保健福祉法によって、ようやく実現の道が開かれた。

　また、精神保健福祉士資格が必要となった背景として、宇都宮病院事件に象徴される閉鎖的な精神科医療における人権侵害の問題があった。さらに、諸外国と比べても精神科病院の入院患者に占める割合が高いうえに、入院期間が著しく長期にわたるなどの問題を解決する必要があったという事情もある。

　そして、精神保健法の改正に続く大きな見直しとして、1995（平成7）年に「精神保健及び精神障害者福祉に関する法律」（精神保健福祉法）に改正された。その際、福祉のマンパワーとして精神保健福祉士を精神保健福祉法内に含める検討がなされたが、医療関連団体との意見調整がつかず、それとは切り離した単独の資格法として、1997（平成9）年12月に精神保健福祉士法が成立する。この精神保健福祉士法によって、精神保健福祉士は、社会福祉士と介護福祉士に次ぐ、わが国の3つ目の福祉職の国家資格として誕生した。

3）精神保健福祉士法の改正

　精神保健福祉士が誕生して10年が経過するなかで、国の精神保健福祉施策を

めぐる状況は大きく変化した。そこで、2007（平成19）年の社会福祉士及び介護福祉士法の改正の後、精神保健福祉士についても検討が重ねられ、2010（平成22）年に精神保健福祉士法が改正された。この改正の背景には、拡大する精神保健福祉士の活動領域への対応と国民の精神保健（メンタルヘルス）への責任ある支援が求められているといった状況があった。

　また、社会福祉士同様、精神保健福祉士の養成カリキュラムについて大幅な改正が行われ、2012（平成24）年度から新しい養成カリキュラムが施行された。さらに、その後の社会状況の変化や法制度の創設などをふまえ、2019（令和元）年に精神保健福祉士を取り巻く状況に的確に対応できる人材を育成するため、①養成カリキュラムの内容の充実、②科目の再構築、③共通科目の充実、④実習・演習の充実について見直しがなされた。この新しいカリキュラムについては、2021（令和3）年度より順次開始される。

（2）精神保健福祉士の定義と義務

　ソーシャルワーカーとしての精神保健福祉士も、法律で規定された国家資格である。精神保健福祉士を規定する精神保健福祉士法も2010（平成22）年に改正され、その定義や義務規定が見直されている。そこで、この法律をもとに、精神保健福祉士の定義と義務について確認したい。

1）精神保健福祉士の定義

　まず、法律において精神保健福祉士の定義は、以下のように定められている。

精神保健福祉士法

> **定義**
> **第2条**　この法律において「精神保健福祉士」とは、第二十八条の登録を受け、精神保健福祉士の名称を用いて、精神障害者の保健及び福祉に関する専門的知識及び技術をもって、精神科病院その他の医療施設において精神障害の医療を受け、又は精神障害者の社会復帰の促進を図ることを目的とする施設を利用している者の地域相談支援（障害者の日常生活及び社会生活を総合的に支援するための法律（平成十七年法律第百二十三号）第五条第十八項に規定する地域相談支援をいう。第四十一条第一項において同じ。）の利用に関する相談その他の社会復帰に関する相談に応じ、助言、指導、日常生活への適応のために必要な訓練その他の援助を行うこと（以下「相談援助」という。）を業とする者をいう。

この定義については、2010（平成22）年の法改正において、「地域相談支援（障害者の日常生活及び社会生活を総合的に支援するための法律（平成十七年法律第百二十三号）第五条第十八項に規定する地域相談支援をいう。第四十一条第一項において同じ。）の利用に関する相談その他」という部分が加えられている。これにより、障害者自立支援法（現・障害者総合支援法）に規定する地域相談支援の利用に関する精神障害者からの相談に応じることが示され、本来、精神保健福祉士が行うべき精神障害者への地域生活支援活動が、法的にも業務として認められたといえる。

2）精神保健福祉士に求められる義務

　社会福祉士及び介護福祉士法と同様、精神保健福祉士法においても、精神保健福祉士の「義務」についての規定がある。精神保健福祉士に求められる義務には、社会福祉士と同じく、「誠実義務」（第38条の2）、「信用失墜行為の禁止」（第39条）、「秘密保持義務」（第40条）、「連携等」（第41条）、「資質向上の責務」（第41条の2）、そして「名称の使用制限」（第42条）がある。2010（平成22）年の法改正では、これらの義務規定の一部も見直されたが、以下の「信用失墜行為の禁止」「秘密保持義務」そして「名称の使用制限」については、その内容に変更はない。

精神保健福祉士法

> **信用失墜行為の禁止**
> **第39条**　精神保健福祉士は、精神保健福祉士の信用を傷つけるような行為をしてはならない。
> **秘密保持義務**
> **第40条**　精神保健福祉士は、正当な理由がなく、その業務に関して知り得た人の秘密を漏らしてはならない。精神保健福祉士でなくなった後においても、同様とする。
> **名称の使用制限**
> **第42条**　精神保健福祉士でない者は、精神保健福祉士という名称を使用してはならない。

　精神保健福祉士についても、社会福祉士と同じく、「名称の使用制限」が規定されている。精神保健福祉士ではなくても精神保健福祉分野における相談援助の仕事を担えるが、この資格をもたない人は「精神保健福祉士」と名乗って仕事をすることはできない。そして、このことは、精神保健福祉士も「業務独占」ではなく「名称独占」の資格であることを示している。

　これらの義務規定に加えて、法改正において以下の「誠実義務」と「資質向上の責務」が追加された。

精神保健福祉士法

> **誠実義務**
> **第38条の2**　精神保健福祉士は、その担当する者が個人の尊厳を保持し、自立した生活を営むことができるよう、常にその者の立場に立って、誠実にその業務を行わなければならない。
>
> **資質向上の責務**
> **第41条の2**　精神保健福祉士は、精神保健及び精神障害者の福祉を取り巻く環境の変化による業務の内容の変化に適応するため、相談援助に関する知識及び技能の向上に努めなければならない。

　精神保健福祉士には、このように「資質向上の責務」が課せられ、精神保健および精神障害者の福祉を取り巻く環境と業務内容の変化に適応するため自己研鑽に努める必要がある。また、このことにより、クライエントや家族にとっては一定の水準の専門的知識と技術をもったソーシャルワーカーに相談することができ、専門職としての質が担保されることになる。
　また、精神保健福祉士は、精神医療・保健と福祉をつなぐ役割も担っている。そのため、精神障害者の治療にあたっている医師との関係は重要である。その点も含めて、「連携等」において、以下のように規定されている。

精神保健福祉士法

> **連携等**
> **第41条**　精神保健福祉士は、その業務を行うに当たっては、その担当する者に対し、保健医療サービス、障害者の日常生活及び社会生活を総合的に支援するための法律第五条第一項に規定する障害福祉サービス、地域相談支援に関するサービスその他のサービスが密接な連携の下で総合的かつ適切に提供されるよう、これらのサービスを提供する者その他の関係者等との連携を保たなければならない。
> **2**　精神保健福祉士は、その業務を行うに当たって精神障害者に主治の医師があるときは、その指導を受けなければならない。

　法改正前は「医師その他の医療関係者」との連携についての規定であったが、法改正により精神保健福祉士は、保健医療サービス、障害福祉サービス、地域相談支援に関するサービスなどの関係者との連携を保つように規定する内容が

加えられた。

　また、精神障害者に主治の医師があるときは、その「指導」を受けなければならないとされている。この点については、法律の審議過程でもその医師との関係性が争点となった。ただし、法令上では、「指導」とは合理的な理由がある場合、これを尊重する必要はあるが、「指示」のように、これに従わなければならないという拘束力をもつものではなく、精神保健福祉士に裁量権があるという意味を有する[19]。

（3）精神保健福祉士の資格登録者数と就労分野

　では現在、どれくらいの精神保健福祉士が、どのような現場で働いているのだろうか。精神保健福祉士の現在の資格登録者数は、2019（平成31）年現在、89,121人である。

　精神保健福祉士の配置・就労分野は、医療（病院・診療所など）、福祉（障害福祉サービス事業所など）、保健（行政など）はもとより、教育（学校など）、司法（更生保護施設、刑務所等矯正施設など）、そして産業・労働（ハローワーク、EAP[*3]、一般企業など）へ広がりを見せている。近年では、2013（平成25）年の精神保健福祉法の改正による退院後生活環境相談員の創設、精神障害にも対応した地域包括システムの構築の推進、障害者の雇用の促進等に関する法律（障害者雇用促進法）の改正による精神障害者の雇用の義務化、2014（平成26）年のアルコール健康障害対策基本法や2018（平成30）年のギャンブル等依存症対策基本法の施行などによる専門人材の育成・確保の必要性の高まりなどによって、精神保健福祉士に対する社会的役割への期待が高まっている。

*3 Employee Assistance Program の略で、メンタルヘルスに支障をきたした従業員への支援プログラムのことをいう。アメリカで誕生し発展してきたもので、近年、日本でもこのプログラムを導入する企業が増えている。

4. 認定社会福祉士と認定精神保健福祉士

（1）認定社会福祉士

　社会福祉士は国家資格であるが、認定社会福祉士は民間認定の資格制度として、ソーシャルワーカーの職能団体、ソーシャルワーク教育関係団体、経営者団体などで構成される認定社会福祉士認証・認定機構によって運営されている。

　2007（平成19）年の社会福祉士及び介護福祉士法の改正時の附帯決議を受けて、2011（平成23）年に認定社会福祉士認証・認定機構が設立され、認定社会福祉士制度がはじまった。国家資格である社会福祉士のキャリアアップを支え、

その実践力を担保することを目的として認定社会福祉士と認定上級社会福祉士の２種類が設定されている。

　認定社会福祉士は、「所属組織を中心にした分野における福祉課題に対し、倫理綱領に基づき高度な専門知識と熟練した技術を用いて個別支援、他職種連携及び地域福祉の増進を行うことができる能力を有することを認められた者」とされ[20]、高齢、障害、医療など５つの分野ごとにその専門性を認定している。一方、認定上級社会福祉士については、「福祉についての高度な知識と卓越した技術を用いて、倫理綱領に基づく高い倫理観をもって個別支援、連携・調整及び地域福祉の増進等に関して質の高い業務を実践するとともに、人材育成において他の社会福祉士に対する指導的役割を果たし、かつ実践の科学化を行うことができる能力を有することを認められた者」とされ[21]、自らの専門的な分野に加え、複数の分野にまたがる地域課題に主導的に取り組む実践、役割そして能力が求められる。これらの資格を取得するには、社会福祉士としての一定の実務経験に加え、認められた機関における研修（スーパービジョン実績を含む）を受講していることなどが必要となる。

（2）認定精神保健福祉士

　精神保健福祉士においても、日本精神保健福祉士協会において生涯研修制度があり、入会後の基礎研修とその後の３種類の基幹研修からなる研修認定精神保健福祉士という制度がある。それに加えて、更新研修を受けることで認定精神保健福祉士となる。認定精神保健福祉士取得後は、５年ごとの更新研修で高

図1-2　認定社会福祉士と認定精神保健福祉士

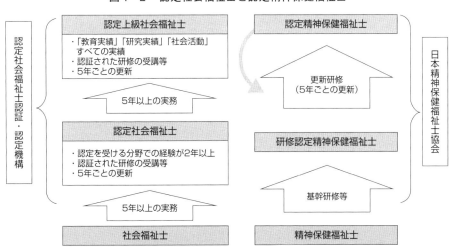

出典　太田義弘・中村佐織・安井理夫編『高度専門職業としてのソーシャルワーク』光生館　2017年　p.53

度化・専門化を積み上がるしくみになっている。

　このように、専門職業としての高度化を図るしくみとしては認定社会福祉士と同様である。しかし、図1－2を見てもわかるように、認定社会福祉士とは異なる点がいくつかある[22]。まず一つ目は、認定の方法であるが、認定社会福祉士は第三者の認定機構で行い、認定精神保健福祉士は協会内で行う点である。そのため、認定社会福祉士のほうが、より中立公正な認定を含めた運営が可能になる。次に、認定社会福祉士資格の場合、5年以上の実務などの受講要件が前提となるが、認定精神保健福祉士は、生涯研修のなかに位置づけられ、原則、有資格者全員が対象となっている。資質向上の意欲のあるソーシャルワーカーにとっては、認定精神保健福祉士のほうがよりめざしやすい資格であるといえるだろう。

5. 社会福祉士・精神保健福祉士の専門性

（1）専門職の条件

　ソーシャルワーカーとしての社会福祉士および精神保健福祉士の専門性とは何だろうか。多様化、高度化、そして個別化する福祉ニーズの変化にともなって、ソーシャルワーク専門職としての専門性が問われている。その専門性を担保するのが「資格」であるが、それは必要条件であっても十分条件ではない。

　ソーシャルワーカーの専門性は、専門職業と密接な関係をもつことから、国内外において、これまで専門職業がもつ属性や構成要素を研究し明確化する議論があった。この議論は、歴史的に主にアメリカにおいてなされてきた[23]。そこでは、フレックスナー（Flexner, A.）によって提起された専門職論をふまえながら、グリーンウッド（Greenwood, E.）が、1957年に発表した「専門職の属性」と題した論文において、専門職に基本的でかつ共通する属性として、①体系的な理論、②専門職的権威、③社会的承認、④倫理綱領、⑤専門的独自文化の5つの条件を指摘した。さらに、ミラーソン（Millerson, G.）は、1964年に発表した論文「資格化団体：専門職化の研究」において、専門職の属性は、①公衆の福祉という目的、②理論と技術、③教育と訓練、④テストによる能力証明、⑤専門職団体の組織化、⑥倫理綱領の6つで構成されるとしている。

　秋山は、これらの条件を検討したうえで平均的な要因を抽出し、社会福祉専門職の条件として、①体系的な理論、②伝達可能な技術、③公共の関心と福祉という目的、④専門職の組織化（専門職団体）、⑤倫理綱領、⑥テストか学歴

図1-3　社会福祉専門職の成立条件と資格制度の関係

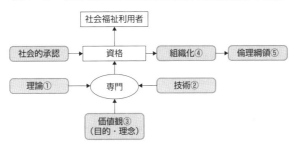

出典　秋山智久『社会福祉専門職の研究』ミネルヴァ書房　2007年　p.89

に基づく社会的承認の6つをあげている[24]。これらの条件が資格制度との関係でどのような位置づけになるのかについて図式化したものが図1-3である[25]。

　ソーシャルワーク専門職の専門性については、統一された見解はまだ存在しない。そこで、ここでは、秋山が提示した6つの枠組みを参考にしながら、ソーシャルワーカーである社会福祉士と精神保健福祉士の専門性についてみていきたい。

（2）社会福祉士・精神保健福祉士が依拠する理論体系

　まず最初に「体系的な理論」があげられる。歴史的にソーシャルワークは、その基礎科学を何に求めるかをめぐって、人文・社会科学から自然科学の一部までを含めたあらゆる科学を導入あるいは援用して、その体系化を図ろうと努力してきた[26]。この点について、その体系化が十分であるかどうかは別として、社会福祉士・精神保健福祉士養成課程のカリキュラム（以降、養成カリキュラム）[27] [28] を見ると、例えば、共通科目である「ソーシャルワークの理論と方法」において人と環境との交互作用に関する理論として、システム理論、生態学理論、バイオ・サイコ・ソーシャルモデルがあげられている。また、実践モデルアプローチとして、医学モデル、生活モデル、ストレングスモデル、課題中心アプローチ、危機介入アプローチ、ナラティブアプローチなどが取り上げられている。

（3）社会福祉士・精神保健福祉士が活用する方法や技術

　次に、専門職の条件として「伝達可能な技術」がある。わが国では、「ソーシャルワークの方法・技術」などと表記され、方法と技術の関連がわかりにくいこ

図1-4　ソーシャルワークの方法とシステムのレベル

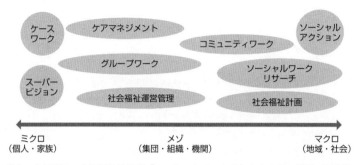

出典　木村容子・小原眞知子編著『ソーシャルワーク論』ミネルヴァ書房　2019年
　　　p.210

とがある。そこで、ここでは、「方法」を組織立てられた手順の様式とし、「技術」を上記の方法の一部として使用され、それを具体的に展開するためのスキルとしたい。一般的に、ソーシャルワークの方法としては、図1-4のようなものがあげられる。

　そして、ソーシャルワークの技術としては、それらを具体的に展開するためのスキルということになる。そのように考えると、ソーシャルワーカーには、さまざまな状況によって活用される多様な技術がある。養成カリキュラムでみると、例えば、「ソーシャルワーク演習」において、コミュニケーション技術、面接技術、ソーシャルワークの展開過程における技術、ソーシャルワークの記録、プレゼンテーション技術などがある。ただし、これらのソーシャルワークの方法や技術はそれ単体で選択されるのではなく、（2）の理論体系や（4）の価値や理念と一体となって一貫性のある支援となるように創造的に活用されなければならないことはいうまでもない[29]。

（4）社会福祉士・精神保健福祉士が基盤とする価値や理念

　3つ目の「公共の関心と福祉という目的」については、図1-3において価値観（目的・理念）とされている。価値や理念とは、専門職による支援を方向づけるものであり、それを展開するうえでの基本的な視点である。いわば、ソーシャルワークの価値や理念はその実践の拠り所となるものであり、ソーシャルワーク実践の基盤である。

　さまざまなソーシャルワークの価値や理念が提示されているが、個人の尊厳、自己決定、平等な機会、多様性の尊重、社会変革と社会正義、守秘義務などについては相当な一致も見られる[30]。養成カリキュラムの「ソーシャルワークの基盤と専門職」では、例えば、ソーシャルワークの原理として、社会正義、人

権尊重、多様性の尊重などが、また、ソーシャルワークの理念として、当事者主体、ソーシャル・インクルージョン、ノーマライゼーションなどがあげられている。

（5）社会福祉士・精神保健福祉士の専門職団体

　また、専門職の条件として「専門職の組織化」（専門職団体）があげられる。当然のことながら、ソーシャルワーカーとして生涯にわたる継続的な自己研鑽は欠かせない。そのため、このような生涯にわたる研修や研究の機会、そして職業倫理の習得に大きな役割を果たす専門職団体への参加が必要となる。

　ソーシャルワーカーの専門職団体として、公益社団法人日本社会福祉士会、そして、公益社団法人日本精神保健福祉士協会がある。日本社会福祉士会は、1993（平成5）年に設立され、2014（平成26）年に公益社団法人となったわが国最大のソーシャルワーカーの専門職団体である。全都道府県に組織された社会福祉士会の連合組織である。一方、日本精神保健福祉士会は、1964（昭和39）年に日本精神医学ソーシャル・ワーカー協会として設立し、国家資格化を受け、1999（平成11）年に日本精神保健福祉士協会に名称を変更し、2013（平成25）年に公益社団法人となっている。

（6）社会福祉士・精神保健福祉士の倫理綱領

　5つ目は「倫理綱領」である。もしソーシャルワーカーが専門職であろうとするならば、一定の価値実現を遂行するために、社会から付託された公共的な使命を実行するための行動規範が求められる[31]。この専門職の行動を規制し、めざすべき方向性を指し示す価値を明文化したものが倫理綱領である。この点については、それぞれ、公益社団法人日本社会福祉士会の「社会福祉士の倫理綱領」と公益社団法人日本精神保健福祉士協会の「精神保健福祉士の倫理綱領」が示されている。

（7）社会福祉士・精神保健福祉士の資格取得方法と国家試験

　最後に、「テストか学歴に基づく社会的承認」という条件があげられる。ここでの「社会的承認」とは、一般的に専門職が社会的レベルでその「正当性」や「適格性」が人々の合意のもとに容認され、一定の位置づけが社会的に用意されることを意味する[32]。このような社会的承認をどの程度得られるかは、ソー

シャルワーカーの自己研鑽と資質向上、さらには専門職としての実績などにかかっているといえる。

　この点については、周知のように、社会福祉士と精神保健福祉士には、それぞれに資格取得方法と国家試験が準備されている。社会福祉士国家資格は、福祉系4年制大学卒業者（指定科目履修）、そして社会福祉士短期養成施設や一般養成施設卒業者などで、社会福祉士国家試験に合格し登録することが必要となる。また、精神保健福祉士国家資格の場合は、保健福祉系4年制大学卒業者（指定科目履修）、そして精神保健福祉士短期養成施設や一般養成施設卒業者などで、精神保健福祉士国家試験に合格し登録することが必要となる。

　国家試験については、社会福祉士及び介護福祉士法、そして精神保健福祉士法に基づき年に1回実施されている。2020（令和2）年時点の試験科目は、社会福祉士では19科目、精神保健福祉士では17科目である。ただし、どちらか一方の資格取得者で、社会福祉士または精神保健福祉士の国家試験を受験する場合、申請により上記試験科目のうち一部科目の試験が免除される。なお、2020（令和2）年のカリキュラム改正により科目名が変更とされる。

【学びの確認】
①ソーシャルワークとは、私たちの生活のなかで、どのような意味をもつのかについて考えてみましょう。
②社会福祉士と精神保健福祉士には、その成り立ちと法的な定義や義務をふまえ、社会的にどのような役割が求められているのかを考えてみましょう。
③社会福祉士と精神保健福祉士の専門性とはどのようなものであるのかについて考えてみましょう。

【引用文献】
1）上野千鶴子「選べる縁・選べない縁」栗田靖之編『日本人の人間関係』ドメス出版　1987年　pp.226-248
2）P. クロポトキン著、大杉栄訳『増補修訂版　相互扶助論』同時代社　2012年　p.16
3）糸賀一雄『福祉の思想』日本放送出版協会　1967年　p.174
4）芳垣文子・仲程雄平「孤独死防ぎたい　冬の札幌、アパートの一室で姉が病死・傷害のある妹が凍死／北海道」朝日新聞　2012年1月13日　朝刊　p.31
5）「不明の子か、白骨遺体　遺棄致死容疑で父聴取　厚木のアパート」朝日新聞　2014年5月31日　朝刊　p.36
6）高橋曜介・岩田恵実「老老介護、妻を手にかけ　『死ぬときも一緒』約束したが　逮捕の82歳『将来悲観』」朝日新聞　2020年4月28日　朝刊　p.23
7）杉野昭博「日本におけるソーシャルワーク」平岡公一・杉野昭博・所道彦・鎮目真人『社会福祉学』有斐閣　2011年　p.26

8 ）小森敦・潮谷有二「社会福祉士の役割と意義」大橋謙策・白澤政和・米本秀仁編『相談援助の基盤と専門職』ミネルヴァ書房　2018年　p.81

9 ）前掲書 7 ）p.73

10）京極高宣『新版　日本の福祉士制度』中央法規出版　1998年　p.57-66

11）前掲書10）p.12

12）前掲書10）p.102

13）前掲書10）pp.26-27

14）田中尚「社会福祉士の役割と意義」日本精神保健福祉士養成校協会『精神保健福祉相談援助の基盤（基礎・専門）　第 2 版』中央法規出版　2015年　p.43-44

15）前掲書14）p.44

16）公益財団法人社会福祉振興・試験センター「社会福祉士・介護福祉士・精神保健福祉士の都道府県別登録者数（令和 2 年12月末日現在）」http://www.sssc.or.jp/touroku/pdf/pdf_t04.pdf

17）厚生労働省「医療関係従事者」厚生労働省編『令和 2 年度　厚生労働白書』日経印刷　2020年　p.45

18）厚生労働省「社会福祉士の現状等」第13回社会保障審議会福祉部会福祉人材確保専門委員会参考資料（平成30年 2 月15日）

19）厚生省大臣官房障害保健福祉部精神保健福祉課監修『精神保健福祉士法詳解』ぎょうせい　1998年　pp.126-127

20）認定社会福祉士認証・認定機構「認定社会福祉士制度」p.2

21）前掲書20）p.2

22）中村佐織「高度専門職業への進展」太田義弘・中村佐織・安井理夫編『高度専門職業としてのソーシャルワーク』光生館　2017年　p.53-54

23）秋山智久「社会福祉専門職と準専門職」仲村優一・秋山智久編『福祉のマンパワー』中央法規出版　1988年　pp.84-90

24）前掲書23）p.90

25）秋山智久『社会福祉専門職の研究』ミネルヴァ書房　2007年　p.89

26）前掲書23）p.65

27）厚生労働省社会・援護局福祉基盤課福祉人材確保対策室「社会福祉士養成課程のカリキュラム（令和元年度改正)」（令和 2 年 3 月 6 日）

28）厚生労働省社会・援護局障害保健福祉部精神・障害保健課「精神保健福祉士養成課程のカリキュラム」（令和 2 年 3 月 6 日）

29）L.C.ジョンソン・S.J.ヤンカ著、山辺朗子・岩間伸之訳『ジェネラリスト・ソーシャルワーク』ミネルヴァ書房　2004年　pp.76-78

30）F.リーマー著、秋山智久監訳『ソーシャルワークの価値と倫理』中央法規出版　2001年　p.33

31）前掲書23）p.71

32）前掲書23）pp.69-70

【参考文献】

相澤譲治・杉本敏夫編『相談援助の基盤と専門職　第3版』久美　2012年

秋山智久編『世界のソーシャルワーカー：養成・資格・実践』筒井書房　2012年

日本精神保健福祉士養成校協会編『精神保健福祉相談援助の基盤（基礎・専門）　第2版』中央法規出版　2015年

日本精神保健福祉士協会50年史編纂委員会『日本精神保健福祉士協会50年史』中央法規出版　2015年

大橋謙策・白澤政和・米本秀仁編『相談援助の基盤と専門職』ミネルヴァ書房　2010年

社会福祉士養成講座編集委員会編『相談援助の基盤と専門職　第3版』中央法規出版　2015年

植戸貴子編『ソーシャルワークの基盤と専門職　第2版』みらい　2017年

柳澤孝主・坂野憲司編『相談援助の基盤と専門職　第4版』弘文堂　2020年

第2章 ソーシャルワークの定義と構成要素

【学びの目標】

　本章では、「ソーシャルワークの定義」について、「ソーシャルワーク専門職のグローバル定義」などを確認する。また、制度のうちに設定されている機能を具現化したものがソーシャルワークであるため、昨今の福祉制度における地域共生社会の実現について学習する。そして、「ソーシャルワークの構成要素」においては、クライエント、ソーシャルワーカー、プロセスとパールマンの４つのＰ（６つのＰを含む）、および社会資源など、ソーシャルワークの主たる構成について学習を進める。なお、具体的には以下の３点を本章の目標とする。
① 　ソーシャルワークの定義を国の内外を含め国際的視点から理解する。
② 　制度は一定の特性と範囲をもったソーシャルワークに変換されることから、ソーシャルワークに具現化される社会福祉制度について理解する。
③ 　ソーシャルワークの構成について主たる要素と関連性を理解する。

1. ソーシャルワークの定義

（1）ソーシャルワーク専門職のグローバル定義

　医師は人間の生命を助けて医師としての役割を遂行する。また、弁護士は人間の人権を法的に擁護することで弁護士としての社会的承認を得る。医師または弁護士には崇高な専門職としての「倫理綱領」が定められている。それでは、ソーシャルワーカーは何が具体的に達成できることによってソーシャルワーカーとしての機能が社会的に果たせるのであろうか。

　ソーシャルワーカーがめざすべき価値や専門職としての態度およびその姿勢等を示す指標の一つとして、医師や弁護士と同様に「社会福祉士の倫理綱領」（日本社会福祉士会）が規定されている。その前文では国際ソーシャルワーカー連盟（IFSW）が2000年に採択した「ソーシャルワークの定義」を掲げ、ソーシャ

国際ソーシャルワーカー連盟（IFSW）のソーシャルワークの定義（2000年）

> ソーシャルワーク専門職は、人間の福利（ウェルビーイング）の増進を目指して、社会の変革を進め、人間関係における問題解決を図り、人びとのエンパワーメントと解放を促していく。ソーシャルワークは、人間の行動と社会システムに関する理論を利用して、人びとがその環境と相互に影響し合う接点に介入する。人権と社会正義の原理は、ソーシャルワークの拠り所とする基盤である。

ルワーカーの実践の拠り所として位置づけられている。

　しかし、世界的なソーシャルワークに関する潮流や配慮すべき価値、背景などを考慮し、「ソーシャルワークの定義」は見直しが進められ、2014年にメルボルンで開催された国際ソーシャルワーカー連盟（IFSW）と国際ソーシャルワーク学校連盟（IASSW）の会議において、新たな「ソーシャルワーク専門職のグローバル定義」が採択された。

ソーシャルワーク専門職のグローバル定義（2014年）

> ソーシャルワークは、社会変革と社会開発、社会的結束、および人々のエンパワメントと解放を促進する、実践に基づいた専門職であり学問である。社会正義、人権、集団的責任、および多様性尊重の諸原理は、ソーシャルワークの中核をなす。ソーシャルワークの理論、社会科学、人文学、および地域・民族固有の知を基盤として、ソーシャルワークは、生活課題に取り組みウェルビーイングを高めるよう、人々やさまざまな構造に働きかける。
>
> 　この定義は、各国および世界の各地域で展開してもよい。

　この定義には、「注釈」として、ソーシャルワーク専門職の「中核となる任務」「原則」「知」「実践」について詳述されている。

　「中核となる任務」として、「社会変革・社会開発・社会的結束の促進、および人々のエンパワメントと解放」があげられ、ソーシャルワークの「原則」としては、「人間の内在的価値と尊厳の尊重、危害を加えないこと、多様性の尊重、人権と社会正義の支持」が求められている。

　「知」については、「ソーシャルワークは、複数の学問分野をまたぎ、その境界を超えていくものであり、広範な科学的諸理論および研究を利用する。ここでは、『科学』を『知』というそのもっとも基本的な意味で理解したい」と述べられているほか、「この定義は、ソーシャルワークは特定の実践環境や西洋の諸理論だけでなく、先住民を含めた地域・民族固有の知にも拠っていることを認識している」とされている。

　「実践」は、「ソーシャルワークの正統性と任務は、人々がその環境と相互作用する接点への介入にある」「ソーシャルワークは、できる限り、『人々のために』ではなく、『人々とともに』働くという考え方をとる」とされている。

　ソーシャルワーク専門職のグローバル定義は、すべてのソーシャルワークに通じる根幹となるものであるとともに、世界の各地域の多様性を認めており、「この定義は、各国および世界の各地域で展開してもよい」とあるように、グローバル（世界）・リジョーナル（地域）・ナショナル（国）レベルの重層的な定義をつくることを可能とした。

　社会福祉専門職団体協議会（日本ソーシャルワーカー協会、日本社会福祉士会、日本医療社会福祉協会、日本精神保健福祉士協会）の国際委員会では、主要な見直しについて、次の10ポイントを紹介している[1]。

見直しの10のポイント

①ソーシャルワークの多様性と統一性
②「先進国」の外からの声の反映
③集団的責任の原理
④マクロレベル（政治）の重視
⑤当事者の力
⑥「ソーシャルワーク専門職」の定義？
⑦ソーシャルワークは学問でもある
⑧知識ベースの幅広さと当事者関与
⑨（自然）環境、「持続可能な発展」
⑩社会的結束・安定

　今回の見直しでは、ソーシャルワークの原理の一つとして「多様性尊重」が加えられた。「ソーシャルワーク専門職のグローバル定義」や英米の社会福祉教育などにおいて、多様性（diversity）が示す範囲は人種、年齢、障害、階級、性的指向性など幅が広いことが特徴である。今後、日本でも広義の「多様性尊重」という価値観がソーシャルワークの実践や社会福祉教育のなかにおいても重要視されるようになるであろう[2]。

　また、2020（令和2）年6月30日に採択された「社会福祉士の倫理綱領」の改訂版においてもその前文において、次のとおり示されている。

社会福祉士の倫理綱領　前文

> 　われわれ社会福祉士は、すべての人が人間としての尊厳を有し、価値ある存在であり、平等であることを深く認識する。われわれは平和を擁護し、社会正義、人権、集団的責任、多様性尊重および全人的存在の原理に則り、人々がつながりを実感できる社会への変革と社会的包摂の実現をめざす専門職であり、多様な人々や組織と協働することを言明する。
> 　われわれは、社会システムおよび自然的・地理的環境と人々の生活が相互に関連していることに着目する。社会変動が環境破壊および人間疎外をもたらしている状況にあって、この専門職が社会にとって不可欠であることを自覚するとともに、社会福祉士の職責についての一般社会及び市民の理解を深め、その啓発に努める。
> 　われわれは、われわれの加盟する国際ソーシャルワーカー連盟と国際ソーシャルワーク教育学校連盟が採択した、次の「ソーシャルワーク専門職のグローバル定義」（2014年7月）を、ソーシャルワーク実践の基盤となるものとして認識し、その実践の拠り所とする。

　以上のように記述されており、続いて先に示した「ソーシャルワーク専門職のグローバル定義」が明示されている。

　なお、ソーシャルワーカーの倫理綱領の詳細については、第4章「ソーシャルワーカーの倫理」（p.77）を参照されたい。

（2）社会福祉制度に求められるソーシャルワーク

　さて、上述の社会福祉士の倫理綱領における前文には、「人々がつながりを実感できる社会への変革と社会的包摂の実現をめざす専門職」と明記されている。

　これに関連して、2020（令和2）年6月5日に地域共生社会の実現に向け、市町村の相談体制を強化する社会福祉法などの一括改正法が参議院本会議で可決、成立した。本法改正の主旨としては、「地域共生社会の実現を図るため、地域住民の複雑化・複合化した支援ニーズに対応する包括的な福祉サービス提供体制を整備する観点から、市町村の包括的な支援体制の構築の支援、地域の特性に応じた認知症施策や介護サービス提供体制の整備等の推進、医療・介護のデータ基盤の整備の推進、介護人材確保及び業務効率化の取組の強化、社会福祉連携推進法人制度の創設等の所要の措置を講ずる」としている。

　これには、市町村が任意で行う新事業を設け、既存制度の国の補助金を再編して交付金を創設する。孤立した人が社会とのつながりを取り戻せるよう専門

職が継続して伴走できるようにする。運用にあたってはソーシャルワークを重視する。施行は2021（令和3）年4月1日である。新事業は「重層的支援体制整備事業」であり、引きこもりなど制度のはざまで孤立した人や家庭を把握し、伴走支援できる体制をつくるとしている。

　地域住民の困りごとの解決をめざすだけでなく、社会とのつながりを取り戻すことで困りごとを小さくするような関わりも重視する。特に「断らない相談支援」「参加支援」「地域づくりに向けた支援」をセットで行うことを想定している。また、「断らない相談支援」では属性や年齢を問わずに相談を受け止め、関係機関との協働を進める方針である。さらに「参加支援」は就労、学習など多様な形の社会参加を促すものである。加えて、「地域づくりに向けた支援」は交流や参加の機会を増やすとしている。

　この新事業は社会福祉法人などに委託でき、その運用にあたっては、ソーシャルワーク機能が重要だとする意見が政治家から出ている。特に参議院の付帯決議では「新事業の実施に当たり社会福祉士や精神保健福祉士が活用されるよう努めること」とされた。

　地域共生社会とは、「子供・高齢者・障害者など全ての人々が地域、暮らし、生きがいを共に創り、高め合うことができる社会」（「ニッポン一億総活躍プラン」2016年6月2日閣議決定）で政府が掲げた理念である。支え手と受け手に分かれず、あらゆる住民が役割をもって地域で参加できる社会の実現をめざすものである。

　これらをふまえて社会福祉法は、前回の改正で孤立を含む「地域生活課題」（同法第4条2項）を解決できる体制を整えるよう市町村に努力義務を課し、2018（平成30）年度から施行されている。今回の新事業は、この取り組みをさらに具体化し支援するものである。

　社会福祉を取り巻く今日的な動向を確認したが、古川は政策と技術の間にはフィードバックの機能が組み込まれており、規定力における濃淡の違いを別にしていえば、政策が技術を規定するように、技術のありようが政策を規定すると示している[3]。さらに、制度は一定の特性と範囲をもった社会福祉援助に変換される。すなわち制度のうちに設定されている機能を具現化したもの、それが社会福祉援助（ソーシャルワーク）である[4]としていることから、ソーシャルワーク定義を学習するうえでは、マクロソーシャルワークに位置する社会保障をも含めた制度・政策の確認が必要となる。

　さて、前述のとおり「ソーシャルワーク専門職のグローバル定義」を確認すると、各国および世界の各地域で、グローバル定義をもとに、それに反しない範囲で、それぞれの社会的・政治的・文化的状況に応じて独自に展開してよい

＊1　2017（平成29）年4月より、日本社会福祉教育学校連盟、日本社会福祉士養成校協会、日本精神保健福祉士養成校協会が統合し、日本ソーシャルワーク教育学校連盟となる。

とされている。日本では、日本社会福祉教育学校連盟＊1および社会福祉専門職団体協議会が日本における展開を以下のとおり作成している。

「ソーシャルワーク専門職のグローバル定義の日本における展開」

> 　日本におけるソーシャルワークは、独自の文化や制度に欧米から学んだソーシャルワークを融合させて発展している。現在の日本の社会は、高度な科学技術を有し、めざましい経済発展を遂げた一方で、世界に先駆けて少子高齢社会を経験し、個人・家族から政治・経済にいたる多様な課題に向き合っている。また日本に暮らす人々は、伝統的に自然環境との調和を志向してきたが、多発する自然災害へのさらなる対応が求められている。
> 　これらに鑑み、日本におけるソーシャルワークは以下の取り組みを重要視する。
> ・ソーシャルワークは、人々と環境とその相互作用する接点に働きかけ、日本に住むすべての人の健康で文化的な最低限度の生活を営む権利を実現し、ウェルビーイングを増進する。
> ・ソーシャルワークは、差別や抑圧の歴史を認識し、多様な文化を尊重した実践を展開しながら、平和を希求する。
> ・ソーシャルワークは、人権を尊重し、年齢、性、障がいの有無、宗教、国籍等にかかわらず、生活課題を有する人々がつながりを実感できる社会への変革と社会的包摂の実現に向けて関連する人々や組織と協働する。
> ・ソーシャルワークは、すべての人々が自己決定に基づく生活を送れるよう権利を擁護し、予防的な対応を含め、必要な支援が切れ目なく利用できるシステムを構築する。

（3）全米ソーシャルワーカー協会の定義

アメリカのソーシャルワーカーの専門職団体である全米ソーシャルワーカー協会（NASW）では、時代の推移とともにソーシャルワーク実践の定義を幾度となく試みている。1973年には、NASWの理事会において次のように定義された。

＊2　NASW, standards for Social Service Manpower, National Association of Social Workers, pp. 3 - 9 .1973を、山崎道子が「ソーシャルワークを定義すること―時代と環境の変化の中で」『ソーシャルワーク研究』第25巻第4号　2000年　pp.262-270において紹介している。

全米ソーシャルワーカー協会の定義（1973年）

> 「ソーシャルワークは、個人・グループ・コミュニティが、社会的機能を強化し、回復するように、これらの目標に対し好ましい諸条件を創造するように援助する専門職の活動である」＊2

本定義には続けて具体的なソーシャルワークの方法や活動が示されており、以下の4点に整理できる[5]。

①人びとが必要な社会資源を得る。

②個人、グループ、家族にカウンセリングや精神療法を提供する。

③コミュニティやグループが社会サービスや医療保健サービスを提供したり、改善することを支援する。

④関連する法律や政策づくりに参加する。

　以上のように、アメリカにおいては、1970年代から、ソーシャルワークの具体的な役割として、政策を具現化する制度への参画およびソーシャルワーク実践のあり方や関係性をも含めて定義化されてきた。そして1996年の改訂倫理綱領に示されたソーシャルワークの定義は、次のように表現されている。

全米ソーシャルワーカー協会の定義（1996年）

> 「ソーシャルワーク専門職の主要な使命は、傷つきやすい、圧迫されている、もしくは貧困状態にある人びとのニーズや機能をつけることに特別の注意を払い、人間としての幸福をたかめ、すべての人びとの基本的・人間的ニーズに対処するように援助することである。ソーシャルワークの歴史的な、そして定義づける特徴は、社会的コンテキスツにおける個人の幸福や社会の幸福に専門職の焦点がある。ソーシャルワークの基本的なものは、生活の諸問題をひきおこし、そして問題解決に寄与し、向ける環境の勢力（影響）に注目することである」[6]

　ここでの特徴は、特に社会的に弱い立場の人々に配慮することと、人と環境の相互作用に注目している点である。

（4）日本学術会議、社会福祉・社会保障研究連絡委員会報告書の定義

　日本学術会議が組織する社会福祉・社会保障研究連絡委員会が2003（平成15）年に「ソーシャルワークが展開できる社会システムづくりへの提案」をテーマとした報告書のなかで明示した定義は以下のとおりである。

日本学術会議、社会福祉・社会保障研究連絡委員会報告書の定義（2003年）

> 　ソーシャルワークとは、「社会福祉援助のことであり、人々が生活していく上での問題を解決なり緩和することで、質の高い生活（QOL）を支援し、個人のウェルビーイングの状態を高めることを目指していくことである。日本では、国家資格である社会福祉士及び精神保健福祉士がソーシャルワーカーとして位置づけられている」[7]

以上のことから、ソーシャルワークの定義を概観すると、ソーシャルケースワークの母であるリッチモンド（Richmond, M.）が示した、「人と環境との相互作用」を定義の基軸としていることがわかる。そして、社会生活を送る人間と社会環境への働きかけをとおしてより豊かな生活へと支援することが求められている。また日本ではそれらの役割を担う位置づけとして、社会福祉士や精神保健福祉士といった国家資格者が明示されている。

2. ソーシャルワークの構成要素

（1）クライエントとクライエント・システム

クライエントの一般的な意味としては、顧客、依頼人、患者など広範囲な理解があるが、特にソーシャルワークにおいては、広義の理解として、社会福祉を専門的に利用する個人、家族、グループ、機関、コミュニティなどの社会資源をも含んだ対象のことを総称して「クライエント」と呼ぶ。一方で、狭義の理解としては、個人が直接的または間接的に抱える社会生活上の課題を抽出し、直面する問題背景と課題の軽減や解決を主とするソーシャルワーク実践において、個人レベルの対象者をクライエントと呼んでいる。なお、近年では、各種の福祉サービスを利用する人を利用者と称することも多い。

近年では、ソーシャルワークそのものが幅広いレベルでの介入を試み、それにともない、ソーシャルワークの対象は、個人に限定されず、地域社会の環境をも含めた範囲でクライエント[*3]ととらえるようになってきている。

また、援助の対象となる個人、家族、グループ、組織などを包括し、援助対象となるシステムとしてとらえることを「クライエント・システム」という。ソーシャルワークの対象を社会環境との相互作用を含めて広範にとらえ、システムとして位置づける。すなわち、クライエントを中心とした関係性のネットワークを一つのシステムとして理解する必要がある。

（2）ソーシャルワーカー

わが国では、福祉サービス利用者の社会的、身体的、心理的、経済的などの諸問題に対して、社会福祉学を基軸として、ソーシャルワーク実践を展開する社会福祉士や精神保健福祉士等の専門職をソーシャルワーカーと呼んでいる。ただし、先の国家資格は名称独占として位置づけられていることから、無資格

*3 なお、クライエントという立場の成立は、サービス提供・施設機関との契約が成立した後であり、その契約の際には、サービス提供者側からのアカウンタビリティ（説明責任）やインフォームドコンセント（説明と同意）が必要となる。よって、福祉サービス利用前の受付から契約までの段階では、申請者（アプリカント）とされている[8]。

者であっても現場経験を積んでソーシャルワーカーとして援助実践している者
も比較的多いといえる。

　これらソーシャルワーカーはソーシャルワークの価値、知識、技術を総合し
て駆使する福祉専門職である。そして、職務を遂行する際には、クライエント
の自主性や主体性を尊重するエンパワメントの視点に立つ必要がある。特に援
助実践においては、クライエント自らが問題解決をしていけるように側面から
支援し、生活の視点から社会資源の活用によって継続したアプローチを展開す
る点にソーシャルワーカーとしての独自性が確認できる。

（3）プロセス

　プロセスとは、ソーシャルワーク実践の「過程」を意味し、援助そのものの
道程である。専門職としての責任あるソーシャルワーク実践においては、一般
的に、①インテーク（受理面接）→②アセスメント（情報収集と事前評価）→
③プランニング（援助目標の設定と援助計画の策定）→④インターベンション
（介入）→⑤モニタリング（点検）→⑥評価→⑦終結→⑧フォローアップの循
環した「過程」をたどる（図2-1）。これらのプロセスにおいては、専門職集
団に加えて、対象者とその家族などの主訴と福祉ニーズを的確に把握しながら
フィードバックを適宜実施し、循環・評価型の過程をふまえる必要がある。

　すなわち、ソーシャルワークは一連のプロセスを経ながら、クライエントの
生活支援に計画的、効率的、総合的にアプローチする特徴を有する。よって、
社会制度下において展開されるソーシャルワークの実践には専門的かつ一貫し
たプロセス（過程）が要求される。

図2-1　ソーシャルワークのプロセス

出典　山口みほ「社会福祉実践のプロセス」牧野忠康・川田誉音編『社会福祉方法原論』みらい　2004年　p.103

（4）パールマンの4つのPと6つのP

　パールマン（Perlman, H.）は、ソーシャルケースワークの発達史において、
診断主義派（心理社会的診断の視点）と機能主義派（クライエントの社会機能
への活動性重視の視点）の両側面をソーシャルワークに援用活用する折衷主義

＊4　MCOモデル
クライエント自身
が援助者から提供さ
れるサービスを活用
して問題解決に向か
う能力をワーカビリ
ティ（Workability）
とし、その要素とし
て、「 動 機 づ け 」
(Motivation)、「能
力」(Capacity)、「機
会」(Opportunity)
の３つの側面をあげ
ている。

の立場を主張した人物である。このスタンスから、問題解決アプローチや
MCOモデル＊4など、ソーシャルワークの発展に貢献した人物の一人とされる。

　さて、パールマンは自らの著書『ソーシャルケースワーク—問題解決の過程
—』（Social Casework；A Problem Solving Process；1957年）においてソーシャ
ルケースワーク（個別援助技術）を次のとおり定義している。

　「ソーシャルケースワークは個人が社会的に機能する際に出合う問題により
効果的に対応できるよう、人間福祉機関によって用いられる一つの過程であ
る」。

　上記の定義から「社会的に機能する」とは、人が社会生活をするうえでの立
場や活動のことを示しており、次のとおり特徴を示すことができる[9]。
①利用者を自ら活動する主体的存在としてとらえる。
②利用者の「問題」とは、その活動が果たせない状況を指している。
③個人の活動と生活状況の関係のなかで問題をとらえようとしている。

　パールマンはソーシャルケースワークを、援助機関の役割を担った援助者と、
利用者との関係のなかで行われる「問題解決の過程」と考えており、個別援助
技術を成立させるための要素を次の「４つのP」として示した[10]。
①Person　　　問題をもち、施設・機関に解決の援助を求めてくる人（利用者）。
②Problem　　利用者と生活環境の間に生じている問題。
③Place　　　援助者が所属し、個別援助が具体的に行われる施設や相談機関。
④Process　　援助者と利用者との間に築かれた信頼関係で進められる援助の過
　　　　　　　程。

　この「４つのP」は、現在もソーシャルケースワークの基礎構造として確認
されている。なお、1986年のパールマンの論文では「専門職ワーカー
(Profession)」と「制度・施策（Provisions)」の“２つのP”が追加され、「６つ
のP」としてより広範にソーシャルケースワークの構成要素をとらえている[11]。

　パールマンは、クライエントが日常生活において行うであろう行動や役割を
援助者の支援によって実践体験することに着眼し、行動が変化すれば内的思考
と感情に望ましい影響を及ぼすと考えた。一貫して人間の問題解決機能への具
体的な働きかけを示そうとしたところに特徴があるといえる[12]。

（5）社会資源

　社会資源とは、援助展開において生活環境下にある有形無形の人的・組織的・
制度的な諸要素を示す。これらは、「人間」×「組織」×「社会制度」＝社会
資源の構造で示すことができ、最も大いなる社会資源の鍵は「人間」であるソー

シャルワーカーの姿勢や熱意、およびその知識・情報と技術・技能などの総体によって決定されるといっても過言ではない。つまり、ソーシャルワーカーの能力向上にともなって、社会資源の活用範囲とその頻度も大きく異なる。場合によっては、上記の数式に当てはめると、ソーシャルワーカーである「人間」の能力が「0」（ゼロ）や「−」（マイナス）の場合は、「組織」や「社会制度」に掛け算をしたところで、活用するであろう社会資源そのものが、「0」（ゼロ）になったり、場合によっては、「−」（マイナス）になるケースもあるであろう。そのため、ソーシャルワーカーは社会資源の活用を図る前にクライエントへのアセスメントはもとよりソーシャルワーカー自らのアセスメント（自己覚知）の機会を意図的にもつ必要がある。

　また、一般に社会資源とは援助目標を達成するために活用できる人的、物的、制度的の各要素および情報を指す。具体的には、個人の技能や知識、専門職やボランティア、情報、機関・組織、施設、設備、物品、金銭、公私の団体そして制度などが示される[13]。

　ソーシャルワーカーは、社会資源がクライエントの社会生活に十分に適用できるかを判断し、該当分野の社会資源の性質、内容、特徴および限界などについて、十分に把握したうえでクライエントへの説明責任（アカウンタビリティ）を果たす必要がある。特に公的な社会資源（フォーマルサポート）として、市町村、福祉事務所、児童相談所、保健所、地域包括支援センター、障害者相談支援事業所、年金事務所、警察や家庭裁判所などの広範な資源が認められる。

　一方で、非公的な社会資源（インフォーマルサポート）としては、クライエントの周囲に位置する、家族、友人、知人、近隣住民、趣味サークルの会員、職場の仲間や自治会の会長を含む役員、障害者仲間、高齢者仲間、ボランティアなどが示される。これらは、社会制度に規定されない柔軟かつ非営利な社会資源として理解できる。

　ここで、障害者支援の事例をもとに、社会資源について考えてみよう。

　地域における障害者の社会的参加とその自立を考えた場合、ボランティアなどのインフォーマルサポートを縦軸に、専門職や福祉機関によるフォーマルサポートを横軸に位置想定する地域のネットワーク化が意図的に求められる。

　例えば、地域において障害者の支援にかかわる問題が発生した場合、ネットワークを構成するインフォーマルサポートとフォーマルサポートが一斉に問題に集中的にかかわり、ネットワークの集中化かつ凝縮化が重層的に加速する。

[事 例]

> 身体障害があるＡさんは、アパートで一人暮らしをしている。Ａさんは毎朝公園を車椅子で散歩する習慣があり、同じ時間に公園を散歩する人とは顔なじみになっている。ある日の朝、公園に姿を見せないことを不審に思った散歩仲間の近所の住民がすぐに該当地区の民生委員にその旨を連絡した。民生委員はＡさんから緊急連絡先として家族の連絡先を聞いていたことから、すぐにＡさん家族に連絡をとり、Ａさん居住のアパートに家族と民生委員が一緒に訪問したところ、Ａさんは、けいれん発作によって車椅子から落ちて倒れていた。すぐに救急車で搬送されたＡさんは、早期発見と早期治療によって障害のさらなる重度化は回避され、数週間の入院後、病院に付属するデイケアの機能訓練（リハビリテーション）を受けつつ、これまでと同じ地域で自立した一人暮らしを送っている。

事例では、Ａさんの発見には、日頃から交流のある地域住民や家族、民生委員によるインフォーマルなサポートがあり、さらに通所リハビリテーションによる福祉・医療のフォーマルなサポートの両立によって早期の在宅復帰へとつながった。

これは、先のとおり、地域においてある種の問題が発生した場合は、フォーマルサポートとインフォーマルサポートが一斉に問題へ集中的にかかわり、問題解決への迅速化が図られる。その後、一定の問題解決プロセスを経て、地域におけるネットワークは、フォーマルサポートとインフォーマルサポートである双方のセクターが従来の定位置に戻り、支援のフォローアップを定期的に行うこととなる。

このように地域ネットワークにおいてフォーマルサポートとインフォーマルサポートの双方を計画的、総合的、統合的に応用かつ適用する意図的な働きを「ソーシャル・サポート・ネットワーク」と呼称している。地域援助における社会資源のネットワーク化を考える際、ソーシャル・サポート・ネットワークの理念と実践は重要な視点といえる。

今後のソーシャルワークにおける社会資源活用においては、クライエント本人のエンパワメントへの支援と、その環境を形成する地域住民への社会福祉そのものへの正しい理解およびソーシャル・インクルージョン思想の浸透が課題である。その実現のためにも社会資源活用における「地縁」と「志縁」（縁故関係や同じ志をもつ人同士のつながりによって育まれる特別なかかわり合い）によるソーシャル・サポート・ネットワークの有機的営みと内発的ソーシャルワークの展開が求められる[14) 15)]。

【学びの確認】

①ソーシャルワーク専門職のグローバル定義はソーシャルワーカーに対してどのような責務や役割を示しているのでしょうか。

②制度を具現化したものがソーシャルワークであることをふまえ、昨今のソーシャルワークに影響を与えた社会福祉制度の特徴を確認しましょう。

③ソーシャルワーク実践においてソーシャルワークの構成要素に着眼する必要性は何でしょうか。

【引用文献】

1）社会福祉専門職団体協議会国際委員会『IFSW（国際ソーシャルワーカー連盟）の「ソーシャルワークのグローバル定義」新しい定義案を考える10のポイント』2014年

2）三島亜紀子「ソーシャルワークのグローバル定義における多様性（ダイバーシティ）の尊重　―日本の社会福祉教育への「隠れたカリキュラム」視点導入の意義―」『ソーシャルワーク学会誌（第30号）』2015年　pp. 1 -12

3）古川孝順「社会福祉研究の曲がり角」『社会福祉研究』第82号　2001年　p.91

4）同上書　p.91

5）福島喜代子「ソーシャルワークの概念」岩間伸之・福島喜代子編『相談援助の基盤と専門職』中央法規出版　2009年　p.23

6）山崎道子「ソーシャルワークを定義すること―時代と環境の変化の中で」『ソーシャルワーク研究』Vol.25, No. 4　2000年　p.28

7）日本学術会議、社会福祉・社会保障研究連絡委員会「ソーシャルワークが展開できる社会システムづくりへの提案」『日本学術会議、社会福祉・社会保障研究連絡委員会報告』2003年

8）山縣文治・柏女霊峰編『社会福祉用語辞典』ミネルヴァ書房　2009年　pp.66-67

9）倉石哲也　「個別援助技術の意義・定義」　太田義弘・岡本民夫編著『社会福祉援助技術論Ⅰ』中央法規出版　2006年　pp.163-164

10）同上書　p.164

11）川田誉音「個別援助技術の発展」太田義弘・岡本民夫編著『社会福祉援助技術論1』中央法規出版　2006年　p.97

12）前掲書9）　p.164

13）倉石哲也「個別援助技術の構造と機能」太田義弘・岡本民夫編著『社会福祉援助技術論Ⅰ』中央法規出版　2006年　p.206

14）滝口真「障害のある人の暮らしを支える人的支援」志村健一・岩田直子編著『障害のある人の支援と社会福祉』ミネルヴァ書房　2008年　pp.127-129

15）滝口真「社会福祉内発的発展論における社会福祉の価値と思想―共生概念と価値の科学化から―」武田丈・横須賀俊司・小笠原慶彰・松岡克尚編著『社会福祉と内発的発展―高田眞治から学ぶ』関西学院大学出版会　2008年　pp.187-205

【参考文献】

岩間伸之・福島喜代子編『相談援助の基盤と専門職』中央法規出版　2009年
空閑浩人編『ソーシャルワーク入門—相談援助の基盤と専門職—』ミネルヴァ書房　2009年
髙田眞治『社会福祉内発的発展論—これからの社会福祉原論—』ミネルヴァ書房　2003年

第3章 ソーシャルワークの基盤となる考え方

【学びの目標】

　ソーシャルワークにはいくつかの謎がひそんでいる。そのなかでも最初に出会い、いつまで経っても、いくら勉強しても解けない（かもしれない）謎は、ソーシャルワークとは何なのか、結局のところわからない、というものである。

　確かにソーシャルワークには、さまざまな立場からの定義や説明が存在する。でも、数の多さがわからなさの原因ではない。というのも、それらの一つひとつは、がんばれば理解できるからである。

　また、大学等で社会福祉を学び実践現場に就職していった卒業生からは、講義で学んだ理論は現場では役に立たない、理論と実践はちがうという声を聞くこともある。

　そこで、本章では、これさえわかればソーシャルワークのさまざまなものが一つにつながり、一つの地図としてイメージできるような「原理」と、それを支えている「理念」について探求してみたい。

① ソーシャルワークのさまざまな概念に共通する考え方を理解する。
② ソーシャルワークが歴史をとおして培ってきたものを理解する。
③ 厚生労働省が示すソーシャルワークの理念を、ソーシャルワーク専門職のグローバル定義の考え方と比較して理解する。

1．ソーシャルワークの原理

（1）原理とは何か

　原理とは「多くの物事がそれによって説明することが出来ると考えられる、根本的な法則（理論）」[1]のことである。では、ソーシャルワークのすべてを説明することができる原理とは何だろうか。

　このような原理を「関係の相互性」と「知の相対性」という2つの側面から、リッチモンド（Richmond, M.）やバートレット（Bartlett, H. M.）の発想、ソー

表3-1　ソーシャルワークの原理

原理	リッチモンド／バートレット	国際定義（IFSW2000）	グローバル定義（IFSW2014）
関係の相互性 （人間の尊厳）	お互いの自己実現に責任をもつ	人権　社会正義 （限定的な）エンパワメント （ソーシャル・インクルージョン）	集団的責任（第三世代の人権） 多様性の尊重 （本来の）エンパワメント　共生社会
	主流の社会での相互尊重（マイノリティをあたたかく迎え入れる） 過去と今		マイノリティも対等な社会の一員 ここではない地域や未来の人たちも含めた共生社会
知の相対性 （普遍と固有）	法律学（エビデンス） 医学（臨床モデル）	科学的（西洋科学）　心理学、社会学 土着の文化（実証にもとづく知識体系）	知　人文学や地域・民族固有の知を含む 西洋科学だけではなく、多様な知の体系
	医学モデルのベースは精神分析（当時の先端科学） 転移・逆転移（関係のなかで） 納得	医学モデルとともに、西洋科学以外の合意の方法も切り捨てられた （わが国の場合） →制度活用のためのアセスメント 　受容や共感は技術ではなく態度に	身体的・精神的・社会的側面のほかに、スピリチュアルな側面にも着目 知は当事者と協働でつくる

※　グレーの網かけ部分は筆者のコメント
筆者作成

シャルワークの定義（国際定義：IFSW2000）、ソーシャルワーク専門職のグローバル定義（グローバル定義：IFSW2014）の順で探求していくことにしたい（表3-1参照）。

（2）関係の相互性

1）リッチモンドからバートレットへ

　専門職としてのソーシャルワークは、リッチモンドが人と環境の「あいだ」に着目したところからはじまっている。

　その後1955年に、ソーシャル・ケースワーク、ソーシャル・グループワーク、コミュニティ・オーガニゼーションなどの流れを汲む諸団体が大同団結して結成されたNASW（全米ソーシャルワーカー協会）には、一つの専門職としてまとまるためのアイデンティティが必要だった。バートレットは、それを『社会福祉実践の共通基盤』（1970年）のなかで、価値・知識・調整活動（intervention）という3つの構成要素から説明しようとした。

　この著書では、近年（1970年当時）「自己決定」（self-determination）、「自己充足」（self-fulfillment）、あるいは「自己実現」（self-realization）といった価値が重視されるようになってきているとしたうえで、すべての人間に価値と尊厳があるとすれば、「各人は、自分自身の可能性を実現していく場合に、他の者が同じように自らを実現していくよう援助していく責任をもっている」と

指摘している[2]。そして、これらは集団、地域社会、また国家的プログラムを民主的に運営していくことによっても促進できると述べている[3]。前述したリッチモンドもパーソナリティの成長につながるような環境に関心を寄せた。つまり、ある人の自己実現が他者の自己実現を妨げている場合には、その人の自己実現は制約を受けることになるので、両者のあいだには、お互いが受ける制約について合意する（お互いが自己実現できる環境をつくっていく）作業が必要になるのである。このように、ソーシャルワークは、価値・知識・調整活動のすべてにおいて、人と人、人と社会という「関係の相互性」から発想していく専門職だと考えられる。

2）国際定義（IFSW 2000）

　2000年の国際ソーシャルワーカー連盟（IFSW）による国際定義になると、人権と社会正義が実現されている社会のなかで私たちのウェルビーイングが実現されるという考えが前面に打ち出される。

　まず、人権についてであるが、2000年当時はその内容として自由権と社会権が想定されていたと考えられる。

　自由権は第一世代の権利（言論や良心の自由、拷問や恣意的拘束からの自由など、市民的・政治的権利）とも呼ばれ、18世紀のヨーロッパで専制君主の圧政に対して市民（ブルジョア）が自由を主張したことがはじまりである。ただ、このときすでに、ある人（専制君主）の自由が他の人（市民）の自由を奪っていたという現実があったため、自由権における「自由」は、その当初から無制限の自由を意味してはいなかったことになる。そのため、革命によって国家による強制や制約から自由になった市民たちはお互いの自由の範囲についての合意が必要になり、立憲君主制や共和制が敷かれることになったのである。

　社会権は第二世代の権利（合理的なレベルの教育・保健医療・住居・少数言語の権利など、社会経済的・文化的権利）とも呼ばれ、みんなが自由に振る舞えたとしても、必ずしもしあわせに暮らせるわけではない（敗者がうまれる）ことから発想された権利である。ワイマール憲法には「人間に値する生活」[4]という記述があり、それに触発された森戸辰男は日本国憲法の第25条「健康で文化的な最低限度の生活」を提案した[5]。つまり社会権ではみんなが人間に値する生活を送るためには各人の自由権は制限される必要があると考えるのである。

　他方、社会正義とは、公平と公正をめぐる価値である。

　公平とは「みんなが同じように」ということである。人種や障害などを理由に差別や排除を行ってはならないし、誰か、あるいは特定の集団が利益を独占することは許されない。

公正とは「合理的配慮」という言葉に含意されているように、さまざまな条件が同じであったとしても、特定の人たちが不利益を受ける場合がある。そのような事態を避ける目的で手厚い配慮をすることで不利益を回避するということである。

このように人権と社会正義においても、誰もが合意できるようにという「相互性」が発想の基盤にあると考えられる。

また、エンパワメント（empowerment）はソロモン（Solomon, B.）によれば「スティグマ化されている集団の構成メンバーであることに基づいて加えられた否定的な評価によって引き起こされたパワーの欠如状態を減らすことを目指して、クライエントもしくはクライエント・システムに対応する一連の諸活動にソーシャルワーカーがかかわっていく過程である」[6]。差別や排除があると、いくら他者や社会に働きかけても一般的に期待されるような結果が返ってこない。このような状態に置かれた人たちにパワー（働きかけに対して正当な反応が期待できる状態）を取りもどすための取り組みがエンパワメントである。

3）グローバル定義（IFSW 2014）

グローバル定義で新たに登場してきたのは、集団的責任、社会開発、地域・民族固有の知、社会的結束などの概念である。

集団的責任は「人々がお互い同士、そして環境に対して責任をもつ限りにおいて、はじめて個人の権利が日常レベルで実現されるという現実」と「共同体の中で互恵的な関係を確立することの重要性」を強調した概念である。つまり、自分だけ、あるいは自分たちだけの都合や利益を追求するのではなく、「互いのウェルビーイングに責任」をもつということなのである。

したがって、例えばフェア・トレード[*1]のように、自然環境やそこで暮らす人たちとの共存をめざした社会開発や第三世代の権利（自然界、生物多様性や世代間平等の権利）も重視され、従来のように経済成長こそが社会開発の前提条件であるという考え方は採らない。

ソーシャルワーカーの姿勢として、(a) エンパワメント（empowerment）と解放（liberation）に関して、人種・階級・言語・宗教・ジェンダー・障害・文化・性的志向などに基づく抑圧（oppression）や特権の構造的原因を探求することを通して批判的意識を養うこと、(b) 社会変革において、周縁化（marginalization）、社会的排除（social exclusion）、抑圧の原因となる構造的条件に挑戦することの2つも重要である[*2]。差別や排除を受けている集団のメンバーを主流の社会に敬意をもって迎え入れること（ソーシャル・インクルージョン）も大切だが、その集団の固有性やアイデンティティ（地域・民族固有

*1 「生産者が美味しくて品質の良いものを作り続けていくためには、生産者の労働環境や生活水準が保証され、また自然環境にもやさしい配慮がなされる持続可能な取引のサイクルを作っていくことが重要」となる。フェアトレードとは、開発途上国の原料や製品を適正な価格で継続的に購入することにより、立場の弱い開発途上国の生産者や労働者の生活改善と自立を目指す「貿易のしくみ」のことである。FAIETRADE JAPAN「フェアトレードミニ講座」https://www.fairtrade-jp.org/about_fairtrade/course.php 2020年8月19日確認。

*2 この目のここまでの記述はIFSW「ソーシャルワーク専門職のグローバル定義」https://www.ifsw.org/wp-content/uploads/ifsw-cdn/assets/ifsw_64633-3.pdf 2020年8月19日確認の引用（「」で括った箇所）または要約である。

の知）を尊重すること（社会的結束）も不可欠なのである。

　また、グローバル定義では、これらに利用されない限りにおいて、社会の安定にも等しく関与することを求めている。つまり、それぞれの集団がその独自性を尊重しあいながら共生できる社会をつくっていくことが、これらに通底している発想だと考えられる。このことは、この定義の末尾のことば「この定義は各国および世界の各地域で展開してもよい」にも表れている。

　これまで述べてきたことをまとめると、関係の相互性の原理とは、相互に尊重しあう関係を、人と人、人と社会の間につくりだすことであり、そこにソーシャルワークの専門性があると考えられる。このような専門性は、一般に考えられる細分化や専門分化に向かう専門性とは異なり、全体性や統合（互恵関係や合意）を指向するという特色があるといえるだろう。

（3）知の相対性

　知の相対性とは、どのような事実（エビデンス）に基づいてクライエントを理解し援助していくのかをめぐる論点である。

　中村雄二郎によれば、知には西洋科学の知と臨床の知の2つの様式がある。前者は一般に「科学的」と表現される認識の方法であり、普遍性・論理性・客観性（いつでも、どこでも、だれにでも当てはまり、例外や矛盾がなく、主観に左右されることのない認識の方法）という特色をもっている[7]。後者は個々の場所や時間のなかで、物事にはいく通りもの意味づけの仕方があることを十分考慮に入れながら、それとの交流のなかで事象を捉えていく方法であり、固有性・多義性・パフォーマンスに特色がある[8]。

　前節で述べた関係の相互性がソーシャルワークを貫く不変の原理（縦糸）であるのに対して、知の相対性（横糸）の方は、どちらの知に重点を置くかによって、ソーシャルワークは大きく変化してきたように見える。縦糸にこの横糸を絡ませることで、ソーシャルワークの全体像がイメージしやすくなるだろう（図3-1を参照）。

1）リッチモンドからバートレットへ

　バートレットによれば、リッチモンドは「医学から社会診断（social diagnosis）の概念を、法律学から社会的証拠（social evidence）の概念を導入した」[9]。つまり多くの人たちのさまざまな証言や客観的な証拠を調査し積み重ねて推論することで、今のクライエントの状況を理解（社会診断）しようとしたのである。想像や先入観、偏見などを排して、みんなが同じようにそうだと思

図3-1　知の相対性からみたソーシャルワークの全体像

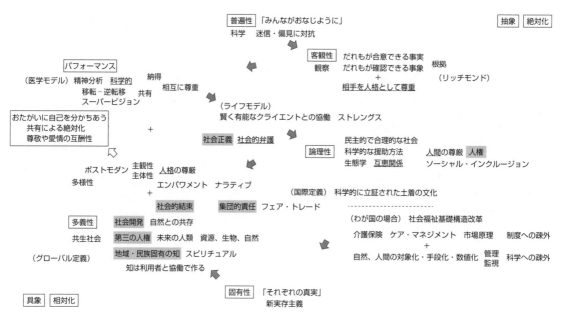

注　この図では便宜上、2つの知の特色のなかから、それぞれのモデルを代表するような1つを割り当てているが、実際には3つすべてが内包されている。
筆者作成

える事実、すなわち客観性と合理性を重視したといえる。ただし、援助に際しては相手の人格を尊重する姿勢を併せもっていた点も忘れてはならないだろう。

　第一次世界大戦後、戦争神経症を抱えた人たちへの援助を期待されたケースワークは、そのころ最先端の科学として一世を風靡していた精神分析のアイデアを取り入れることで、その科学性を高め、専門職としての評価を獲得しようとした[10]。それは、個人の内面を意識と無意識に分け、エス（無意識の性衝動）、超自我（社会の規範や自我理想）、自我（この2つの調整機能）といった心的装置が繰り広げる精神力動からクライエントの心理や病理を理解しようとするもので、心の動きを普遍的に説明できる法則を見出そうとしたのである。過去の心的外傷（心残りのある体験）を克服しようとして同じ人間関係のパターンを繰り返したり（反復強迫）、そのときの心理を援助関係にもちこんだり（転移）することが観察されたため、生育歴やそのときどきに重要だった人物との関係、さまざまなライフイベントなど過去に原因を求めるようになり、それを援助者の専門知識をもとにして分析、解釈、治療するための技法が開発された。これがのちに、過去に原因を求め（因果関係の解明）、科学という相手とのかかわりを排し感情に左右されない思考パターンによって援助をするといった特徴から医学（病理）モデルと呼ばれるようになった援助スタイルである。ただし、

治療同盟（クライエントとの協働関係）、転移と逆転移（援助者とクライエントの関係から生起する心の動き）、解釈において専門知識を納得できる形で共有することなど、今ここでのリアルな援助関係（パフォーマンス）が援助の核心であり、重点はむしろ臨床の知の方にあったということも可能だろう。

　1950年代になると、いわゆる「黒人」*3差別に立ち向かった公民権運動が、当事者だけで運動をしたにもかかわらず大きな成果をあげたことで、ソーシャルワーカーは役に立たないという批判が広まることになった。ソーシャルワークが提供しようとしていたもの（人間関係における問題解決）とクライエントが求めるもの（差別や生活苦など社会的な問題の解決）が食い違っていたことも明らかになり、社会の信頼を回復するべく、ソーシャルワークは社会的弁護などの役割の拡大に加えて、クライエント理解と援助の姿勢を刷新し「賢く有能なクライエントとの協働」というテーマを打ち出した。つまり、クライエントのニーズを分かちあい協働する方法に変えることが急務とされたのである。また、生態学から学んだ「交互関係（transaction）」（相互に影響を与えあう関係)[11]というアイデアには臨床の知（特にパフォーマンス）の特色が認められる。これがライフ（生活）モデルの基盤となった発想である。

　ただ、もう一方で援助の成果を社会に説明することが求められたため、科学やエビデンスを重視する動きもあり、ソーシャルワークは基盤としての分かちあいと関係を拒む科学のあいだで揺れ動くことになったのである（その「揺れ」がナラティブ・アプローチなどが登場してきた理由でもある）。このような「図地反転」（図3-2を参照）は、この時代に限ったことではなく、ソーシャルワークの歴史を通して繰り返されてきたのである。

＊3　現在ではアフリカ系アメリカ人（African American）ということばが一般的である。

図3-2　知の相対性（図地反転）

西洋科学の知が図（顔・黒）になっているとき、臨床の知は地（背景・白）になる。
臨床の知が図（杯・黒）のときは、西洋科学の知が地（背景・白）になっている。

2）国際定義（IFSW 2000）

　後にグローバル定義で「地域・民族固有の知」と呼ばれることになる内容について、この定義では次のように述べられている。

　「ソーシャルワークの文脈でとらえて意味のある、地方の土着（local）の知識を含む、調査研究と実践評価から導かれた実証に基づく知識体系にその方法論の基礎を置く」[12]。つまり、発想が西洋科学に偏向しているのである。この点をふまえてこの定義におけるエンパワメントを考えてみると、それぞれの文化をもった人たちが、多様性を尊重しあいながら一つの社会をつくっていくというオリエンテーションよりも、西洋文化（主流の社会）に敬意をもって（意味のあるものとして）迎え入れるというソーシャル・インクルージョンの発想に近いことがわかる。そして、これこそが後にグローバル定義が必要とされた理由だと考えられる。

　ひるがえって、わが国の場合は2000（平成12）年の介護保険を契機としてケアマネジメントが大きく取りあげられたこともあり、実践や研究において科学的なエビデンスが不可欠とされるようになってきた（制度やサービスを利用するためには、その要件が根拠にもとづいて示される必要がある）。それに市場原理の顧客という発想が重なって臨床の知が背景に追いやられ、援助の技術（skill）がクライエントとよい関係をつくるためのテクニックとして前面に出てきたと見ることもできる。そして自己実現という価値も、後述するような実存的な契機は医学モデルとして捨象され、単にその人らしい生活（これまでのようなやり方で生活を続けられること）を意味する言葉へと変質してしまったと考えられるのである。

3）グローバル定義（IFSW 2014）

　この定義では、「知」という用語を用いることで従来「科学」と呼ばれてきたものをその最も根本的な意味で理解しようとした、と説明されている。そこには「植民地主義の結果、西洋の理論や知識によって過小評価され、軽視され、支配された」地域・民族固有の知（スピリチュアル〈霊的〉な内容を含む）を前面に押し出すことで、（a）世界のどの地域・国・区域の先住民たちも、その独自の価値観および知をつくり出し、それらを伝達する様式によって、科学に対して計り知れない貢献をしてきたことを認める、（b）そうすることによって西洋の支配の過程を止め、反転させる、という意図が込められている。

　このように見てくると、知がソーシャルワーカー（援助する側）の専有物ではなく、利用者と協力してつくっていくものとされたことも理解できる[13]。

　また、グローバル定義では重点がマクロにシフトした[14]という見解もあるが、

共生社会の実現にはそれぞれに相対化された文化や価値観などを分かちあい尊重しあうことでまとまっていくプロセスが不可欠であり、それには臨床の知（特にパフォーマンス、関係の相互性に着目すること）を重視した調整活動が求められる。その基礎はミクロ領域の対人援助にあることも忘れてはならないだろう。これまで述べたことをまとめたものが図3-3である。

図3-3　ヒューマニズムとデモクラシーのサークル構造

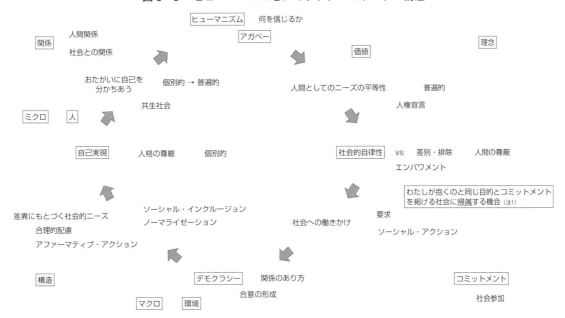

注1　M.イグナティエフ著、渋谷育志・金田耕一訳『ニーズ・オブ・ストレンジャーズ』風行社　1999年　p.40
筆者作成

2. ソーシャルワークの理念

（1）理念とは何か

　理念とは「物事のあるべき状態についての基本的な考え」[15]である。バートレットが示したソーシャルワークの構成要素でいえば価値にあたる。

　本節では、まず厚生労働省が提示した社会福祉士養成のカリキュラム（2019年）[16]に取りあげられている内容を順次見ていく。そして、それらを前節で述べたグローバル定義の考え方と比較することで（表3-2参照）、それぞれの特色を明らかにしていこう。

表3-2　わが国とIFSWにおけるソーシャルワークの理念の比較

教育内容(理念)	厚生労働省の考え方（社会福祉基礎構造改革）		グローバル定義の考え方
当事者主権	質の高いサービス	福祉サービスを主体的に選択して利用 自己責任	当事者主権は相互的なもの 　特定の個人だけが尊重されるのではない 　　（ホリス「状況のなかの個人」） 関係のなかで　集団的責任　相互の責任 　ヒューマニズム（人間の尊厳） 　デモクラシー（個人の尊厳）
尊厳の保持		無理強いされない（自分のライフスタイルの尊重） はずかしい思いをさせない 　説明責任　コンプライアンス	人格と品位（愛情、尊敬の念、他者との連帯[注1]） 屈辱のない社会[注2] 人格間の境界を侵さない（私もOK、あなたもOK）
ノーマライゼーション	消費者保護 （合理的配慮）	住み慣れた地域で、自分らしい暮らし（脱施設） 日常生活に支障　介護保険　障害福祉サービス	人権（第三世代を含む）　社会正義 合理的配慮
権利擁護		自分で判断することに支障（消費者保護） 　成年後見　保佐　補助 　大口の金銭管理　契約	エンパワメント　社会的結束　社会開発 対等な関係性　多様性の尊重 社会的弁護
自立支援	要支援	日常生活自立支援事業 　日常的な金銭管理　重要書類の預かり	相互の責任 　助けあう、依存しあう　分かちあう 　フェア・トレード
		生活保護になる前の支援 　自立支援医療 　生活困窮者自立支援 母子・父子自立支援プログラム策定事業	
		生活が困窮　生活保護　就労支援 経済的・社会的に自立（他者に迷惑をかけない）	
ソーシャル・インクルージョン		制度の谷間で困窮　「つながり」の再構築 　地域共生社会 　「我が事」・「丸ごと」の地域づくり	対等な関係性にもとづいた共生 （協働で社会をつくっていく） 差異にもとづく社会的ニーズ 　アファーマティブ・アクション

注1　イグナティエフ著、渋谷育志・金田耕一訳『ニーズ・オブ・ストレンジャーズ』風行社　1999年　p.23
注2　マルガリート著、森達也・鈴木将頼・金田耕一訳『品位ある社会〈正義の理論〉から〈尊重の物語〉へ』風行社　2017年　p.23
筆者作成

（2）当事者主権

　2000（平成12）年にはじまった社会福祉基礎構造改革では、公的な福祉サービスは、かつての措置（行政命令）から、利用者が主体的に選択して利用するという契約方式に変更された。利用者の立場に立って、サービスを提供する側のアカウンタビリティ（必要で十分な説明の責任）を前提とした社会福祉制度の構築をめざしたのである。それにともなって、質の高いサービスを担保するためのサービス評価や苦情解決のシステム、情報へのアクセスや意思決定に関する支援のしくみなどが整備された。

　つまり、この文脈で当事者主権とはサービスの選択やその提供などにおいて

民間の活力を最大限尊重し、公的な関与はその質を担保するための監視などにとどめるしくみを表現したものだと理解できるだろう。

(3) 尊厳の保持

　法律にはじめて「尊厳」という文言が登場するのは、1970（昭和45）年の心身障害者対策基本法第3条（基本的理念）における「すべて心身障害者は、個人の尊厳が重んぜられ、その尊厳にふさわしい処遇を保障される権利を有するものとする」である。その後、2003（平成15）年に高齢者介護研究会がまとめた報告書『2015年の高齢者介護』では、「高齢者が介護が必要となってもその人らしい生活を自分の意思で送ることを可能とすること、すなわち『高齢者の尊厳を支えるケア』の実現を基本に据えた」と述べられている。これを受けて介護保険法（2005（平成17）年）と社会福祉士及び介護福祉士法（2007（平成19）年）がそれぞれ改正され、「尊厳を保持し、その有する能力に応じ自立した日常生活を営むことができるよう」という文言が、前者においては目的として、後者では誠実義務として追加された。

　これらの記述から、「自分の意思で」「その有する能力に応じてその人らしく」日常生活を送れることが尊厳の保持につながると理解されていることがわかる。

　つまり、屈辱的な扱いをされないこと、具体的には、十分な説明があり、サービス提供者からの無理強いや虐待などがなく、できるかぎりその人の主体性やライフスタイルが尊重されること、はずかしい思いをさせられない（入浴や排泄時の同性介護など）ことなどが重視されているのである。

　このような内容をふまえれば、前述した当事者主権と同様に、この理念も質の高いサービスの内容を表現したものだと考えられる。

(4) ノーマライゼーション

　「完全参加と平等」をテーマに掲げた国連の国際障害者年（1981（昭和56）年）を契機として、前述した心身障害者対策基本法が障害者基本法（1993（平成5）年）に法改正され、「すべての障害者は、社会を構成する一員として社会、経済、文化その他あらゆる分野の活動に参加する機会を与えられるものとする」ことが明示された。このことが、メインストリーミングやソーシャル・インクルージョンという考えとも相まって、障害（知的・精神・身体）を抱えていても、施設入所ではなく、できるかぎり地域で生活を続けられるように支援するとい

う流れにつながっていった。

これらの動きの背景にあるノーマライゼーションについて、厚生労働省は「障害のある人もない人も、互いに支え合い、地域で生き生きと明るく豊かに暮らしていける社会を目指す」[17]ものだと説明している。このことから、わが国ではこの言葉は障害者福祉の理念を説明するものとして主に用いられていて、制度が異なる高齢者の地域生活支援（介護保険）については、そこから波及して使用されるようになったと考えるのが妥当だろう。

(5) 権利擁護

前述したように、社会福祉基礎構造改革によって利用者がサービスを選択する方式に変わったことで、自分で判断することに不安を抱えた高齢者や障害者への支援制度が「権利擁護」として整備されるようになった。これは合理的配慮として理解することも可能であるが、消費者保護法にもとづいた消費者の保護を目的としていると考えるのが適当だろう。

2020（令和2）年現在、この項目に分類できるのは成年後見制度のみである。これには法定後見制度と任意後見制度の2種類がある。前者は家庭裁判所によって選任された成年後見人等（程度に応じて、成年後見人、保佐人、補助人という3つの制度がある）が本人を法律的に支援する制度である。後者は本人が任意に選んで契約を結んだ後見人に本人の生活、療養看護及び財産管理に関する事務を代行してもらう制度である[18]。大口の金銭管理や契約を扱うという点が後述する日常生活自立支援事業とは異なっている。

(6) 自立支援

厚生労働省社会・援護局長通知「平成17年度における自立支援プログラムの基本方針について」（2005（平成17）年）[19]において、就労による「経済的自立」、身体や精神の健康を回復・維持し、自分で自分の健康・生活管理などを行う「日常生活自立」、社会的なつながりを回復・維持し地域社会の一員として充実した生活を送る「社会生活自立」の3側面から自立支援を行うというアイデアが示された。

これを受けて、地域福祉権利擁護事業（1999（平成11）年）は日常生活自立支援事業（2007（平成19）年）[20]に改称された。これを含めて「自立支援」という言葉は、次の4つの制度において用いられている＊4。

①日常生活自立支援事業：サービス利用契約手続きの支援や日常的な金銭管理

＊4　また、これらとは文脈が異なるが、入所児童が少年法でいう「非行のある少年」とは異なるという理由で、従来、児童の「不良性の除去」を目的としていた教護院が、1998（平成10）年に「自立支援」を目的とする児童自立支援施設に名称変更されている[21]。

などを行うサービス。窓口は地域の社会福祉協議会。

②自立支援医療[22]：心身の障害を除去・軽減するための医療について、医療費の自己負担額を軽減する公費負担医療制度。「精神通院医療」、「厚生医療」、「育成医療」の３つがある。

③生活困窮者自立支援制度[23]：働きたくても働けない、住むところがないなど、現在生活保護を受給していないが、生活保護に至る可能性のある者で、自立が見込まれる者についての支援を行う制度。

④母子・父子自立支援プログラム策定事業[24]：児童扶養手当受給者等を対象として、福祉事務所とハローワークが連携して就業による自立とそのアフターケアを行う事業。

　これら以外でも「自立」ということばは、社会福祉関連の法律で広く用いられている。例えば「自立の助長」（生活保護法）、「障害者の自立と社会、経済、文化その他あらゆる分野の活動への参加を促進」（障害者基本法）、「自立した日常生活」（介護保険法や社会福祉士及び介護福祉士法）などである。厚生労働省は、この概念について「『他の援助を受けずに自分の力で身を立てること』の意味であるが、福祉分野では人権意識の高まりやノーマライゼーションの思想の普及を背景として『自己決定に基づいて主体的な生活を営むこと』、『障害を持っていてもその能力を活用して社会活動に参加すること』の意味としても用いられている」[25]と述べている。

　ただ、当事者が参加した障がい者制度改革推進会議総合福祉部会による検討を経て障害者自立支援法（2005（平成17）年）から改正された障害者総合支援法（2012（平成24）年）においては、法律の目的が「自立」から「尊厳にふさわしい日常生活又は社会生活」に変更され、「障害の有無によって分け隔てられることなく、相互に人格と個性を尊重し合いながら共生する社会」の実現をめざすこととされた。つまり個人の尊厳を尊重しあう共生社会とその実現は当事者だけではなく私たちみんなの責務となったのである。

（7）ソーシャル・インクルージョン

　「社会的な援護を要する人々に対する社会福祉のあり方に関する検討会」（2000（平成12）年）が示したわが国の課題[26]をまとめたものが表３−３である。

　そして、これらの通常「見えにくい」問題について、「全ての人々を孤独や孤立、排除や摩擦から援護し、健康で文化的な生活の実現につなげるよう、社会の構成員として包み支え合う（ソーシャル・インクルージョン）ための社会福祉を模索する」目的で、表３−４にまとめたような提言が示された。

表3-3　社会的な援護を要する人々と課題

事象	問題
急激な経済社会の変化	社会不安やストレス、ひきこもりや虐待など社会関係上の障害、虚無感
リストラによる失業　倒産、多重債務	貧困　低所得　失業
外国人労働者やホームレス、中国残留孤児など	社会的排除や文化的摩擦
上記の人々のなかには、自殺や孤独死に至るケースもある	
低所得の単身世帯、ひとり親世帯、障害者世帯	孤立
スラム地区	
若年層など、困窮しているという意識すらない場合	

資料　厚生労働省「社会的な援護を要する人々に対する社会福祉のあり方に関する検討会」2000年をもとに著者作成

表3-4　社会的な援護を要する人々に対する社会福祉のあり方に関する検討会による提言

提言	具体的取り組み
新たな「公」の創造	公的制度の柔軟な対応 地域社会での自発的支援の再構築 地域社会における様々な制度、機関・団体の連携・つながりの構築 　社会福祉協議会、NPO、生協・農協、ボランティアなど
社会的なつながりの創出注1	社会福祉法人などが地域の社会福祉問題を発見・対応する取り組み 福祉と医療の総合的な提供 福祉分野と他分野の連携（建設・労働部門、水道・電気事業者等）
人材養成	社会福祉士が地域住民と共働するための実際的権限 アウトリーチの必要性
その他	地域における福祉文化の創造 ボランタリズムの醸成 生活保護制度の検証

注1　同報告書には「この場合の『つながり』は共生を示唆し、多様性を認め合うことを前提としている」と述べられている。
資料　表3-3に同じ

　2016（平成28）年になると政府は「ニッポン一億総活躍プラン」のなかで地域共生社会という理念を掲げた。これは、支え手と受け手に分かれず、あらゆる住民が役割をもって参加できる社会をめざすというものである。

　これを受けて2017（平成29）年には「『地域共生社会』の実現に向けて」[27]という当面の改革工程（概要）を示し、2021（令和3）年には、ひきこもりをはじめとした制度のはざまで孤立した人や家庭を把握し、社会とのつながりを取りもどせるよう専門職が継続して支援できる体制をつくるという重層的支援体制整備事業[28]がはじまった（市町村が任意で行う）。この事業が「重層的」と名づけられたのは、つぎの3つの取り組みがセットになっているからである。
①断らない相談支援：縦割りではなく、関係機関との協働を進める。

②参加支援：就労、学習など多様な形の社会参加を促す。

③地域づくり：交流や参加の機会を増やす。

　この事業は社会福祉法人などに委託でき、2020（令和2）年に改正された社会福祉法には「新事業の実施に当たり社会福祉士や精神保健福祉士が活用されるよう努めること」という付帯決議が付けられている。

　厚生労働省のいう「理念」とは、制度の設計や制度活用の際のキーワードあるいはスローガンのようなもの（つまり臨床の知が存在しない）だと考えられるが、障害者総合支援法では当事者の運動によって、「地域共生社会」では制度のはざまで困窮する人たちへの支援をめざしたことで、ようやくソーシャルワークの理念と同列で（個人の尊厳とそこからの共生をめざしたものとして）理解できるようなものが登場してきたといってよいのかもしれない。

（8）社会福祉士の業務とソーシャルワークの理念

　なぜ、厚生労働省が示す理念とソーシャルワークの理念には違いがあるだろうか（表3-2参照）。それは、ソーシャルワークが活用するさまざまな援助方法や社会資源のうち、「社会福祉士」は制度の活用に特化して位置づけられていることが原因だと考えられる。つまり援助者自身や援助関係を活用して援助を行うという発想がないので、助言や指導といったよく知っている、あるいはうまくできるといった優位性に基づいた、情報提供やアセスメントを中心とした支援方法が採用されているのである。これに風穴を開けたのは、当事者の運動や制度を適用できない人たちへの支援だったことは前項で述べたが、ここからは、これまでみてきた理念をソーシャルワークの立場から問い返してみたい。

1）当事者主権（再考）

　2020（令和2）年に改正された社会福祉士の倫理綱領では、グローバル定義をふまえたうえで、自己決定について「クライエントの自己決定が本人の生命や健康を大きく損ねる場合や、他者の権利を脅かすような場合は、人と環境の相互作用の視点からクライエントとそこに関係する人々相互のウェルビーイングの調和を図ることに努める」と述べられている[29]。本人の主体性や自己決定は関係のなかで生起してくるものであり、当事者主権もまた、主権をもった当事者間の合意をめざす必要があると考えられるからである。また、自己決定が可能になるためには、適切な自尊感情と情報が不可欠である。その意味ではエンパワメントや共生社会のしくみづくりともリンクさせて理解すべきだと考えられる。

2）尊厳の保持（再考）

　国際定義とグローバル定義では、ソーシャルワークは尊厳という価値を起点にデザインされている。ホセ・ヨンパルト（Llompart, J.）によれば「尊厳は（中略）人間性と人格性に起因する」[30]。換言すれば、すべての人間に共通する価値とひとりの人間（その人であるということ）の価値という2つの側面があり、品位（隣人としての敬意や愛情）と主体性が鍵概念だということである。この2つを尊重しあいながら、「私もOKであなたもOK」あるいは「私もOKで社会もOK」であるような関係を創りだすこと、すなわち私とあなたのあいだにある境界（boundary）を尊重し、それを侵さない、侵させないこと[31]こそが尊厳に配慮した援助であると考えられる。これと関連して、援助者が内なる悪を拒むことも尊厳の表れと考えてよいだろう。

　また、私たちが何らかの問題を抱えるのは、自分らしい（自分でこうだと思っている、あるいは自分にふさわしいと考えている）対処方法ではうまくいかないときなので、援助者はクライエントの「自分らしい生活」を援助してはいけない。それでは、おなじような困難が繰り返されるだけだからである。同様に、援助者が「その人らしい」と認識しているクライエントの生活を援助してもいけない。それは、クライエントが「自分らしい」と思っている内容と同じとは限らないので、思い込みによる援助（医学モデル）になる場合が少なくないからである。

　これらのことをふまえると、援助者には、クライエントが「自分らしい生活」を客観的現実をふまえて再構築し、新しい対処方法や、新しい「自分らしさ」を見つけていくプロセスを、クライエントと協働で展開していくことが求められているのである[32]。つまり「その人らしい生活」も、他者や社会と分かちあうものとして理解しておく必要があるだろう。ホリス（Hollis, F.）も「状況のなかの個人」[33]という表現で、人が他者や社会との関係性のなかで生活していることを指摘している。

3）ノーマライゼーション（再考）

　もともとノーマライゼーションは、知的障害者の収容施設が、その当時（1950年代）のデンマークの家庭生活とはかけ離れた環境にあったことに抗議した親の会の活動に触発されて生まれた概念である。バンク・ミケルセン（Bank-Mikkelsen, N.E.）によれば「障害者の生活状況をできるかぎり通常にする」という理念である。

　彼は第二次世界大戦時にナチスの強制収容所に収容されたことがある[34]。そこでの、人間としてあるべき自律性や品位を剥奪された経験が、「知的なハン

ディキャップを負っていても、その人は人格をもち、みんなと同じような生活をする『権利』をもっている」というノーマライゼーションのアイデアを具体化した1959年法の起草につながったと考えられる。

　その後、ニイリェ（Nirje, B.）は、これを、知的障害に限らず障害を抱えたすべての人に共通する原理（1日・1週間・1年といった生活リズムや自己決定の重視など）とした。ヴォルフェンスベルガー（Wolfensberger, W.）は「文化的に通常な」というアイデアや「リスクを経験する権利」[35]などを提唱した。

4) 権利擁護（再考）

　エンパワメントは、スティグマ化された集団のメンバーが主体となれるように援助する方法である。差別や偏見に晒された人たちが尊厳を踏みにじられているのはいうまでもないことだろう。このような経験が彼らに「どうせダメだ」という無力感を学習させたのだと考えられる。したがって、エンパワメントは「利用者が自らの課題を解決していける力を持っているのだと自覚し行動できるように支援すること」[36]でもあり、尊厳を取りもどすための援助だと考えられる。「私はOKではないが、あなたはOK」という関係を、私もOKという関係に変えていくことがこの概念の核心なのである。その意味では、わが国の消費者保護としての権利擁護とは一線を画している。

5) 自立支援（再考）

　自立という価値が極端に理解され、主体性だけが強調されると、他者の援助を必要とする人は「ダメな人」というレッテルを貼られ、「愛情、尊敬の念、他者との連帯」をもった人間関係から閉め出される。それは「屈辱」やみじめさを感じさせるものでもあるだろう。ソーシャルワークでは、相互に尊重しあうことによらなければ（私さえよければ、あなたのことは関係ないという独善的な考えから脱却しなければ）、おたがいの「自立」は保証されないと考えるのである。

　また、よく取りあげられる「ストレングス」も、実は、ある性質の二面性（例えば、「素直」は「鵜呑みにする」でもあること）をわかったうえで選択ができることである。自分の選択について、まわりの人や社会にわかってもらうことで自分らしい生活がしやすくなるし、それは自分自身を肯定的に受けとめることにもつながっていくだろう。そのような自分らしく生きていくための環境を整えていくことが重要なのである。

6）ソーシャル・インクルージョン（再考）

　ソーシャル・インクルージョンとは社会的排除（social exclusion）と戦うためのスローガンとして登場してきた概念であり[37]、ボトムアップの方向性をもっている。わが国のものは前項でみたようにトップダウンでデザインされたしくみであり、そこに限界があるともいえる。新自由主義の道を突き進む今の政府（2020（令和2）年現在）の施策として考えれば、なるべく安価に（支え手と受け手に分かれず）、税金を消費する側ではなく納める側の人間を少しでも増やそうという意図で「ソーシャル・インクルージョン」や「共生社会」という言葉が用いられているという危惧さえ抱く。それを払拭する道は、地域において、個人の尊厳を分かちあいながらみんなが共生していけるような文化やしくみを、ボトムアップでどのようにつくりだすかにかかっている。まさにソーシャルワークの真価が問われているといってよいだろう。

【学びの確認】

① 　グローバル定義に登場した概念を、「関係の相互性」の原理を用いて説明してみましょう。
② 　わが国のソーシャルワークの課題は何だと思いますか。
③ 　この章の冒頭で述べた「謎」について、自分ならどう答えますか。

【引用文献】

1）山田忠雄他編『新明解国語辞典（第七版）』三省堂　2011年
2）H.M.バートレット著、小松源助訳『社会福祉実践の共通基盤』ミネルヴァ書房　1978年　p.62
3）前掲書2）　p.64
4）『改訂新版・世界大百科事典』平凡社　https://japanknowledge.com/introduction/keyword.html?i=429 2020年7月30日確認
5）『NHKスペシャル　日本国憲法 誕生』NHKエンタープライズ　2007年
6）小田兼三「エンパワメントとは何か」小田兼三・杉本敏夫・久田則夫編『エンパワメント実践の理論と技法』中央法規出版　1999年　p.7
7）中村雄二郎『臨床の知とは何か』岩波新書　1992年　p.9
8）前掲書7）　p.9
9）前掲書2）　p.25
10）古川孝順「社会福祉援助の価値規範」古川孝順・岩崎晋也・稲沢公一・児島亜紀子『援助するということ　社会福祉実践を支える価値規範を問う』有斐閣　2002年　p.47
11）ジャーメイン著　小島蓉子編訳『エコロジカル・ソーシャルワーク―カレル・ジャーメイン名論文集―』学苑社　1992年　p.187
12）国際ソーシャルワーク学校連盟（IASSW）、国際ソーシャルワーカー連盟（IFSW）『ソーシャルワークの定義　ソーシャルワークの倫理：原理についての表明　ソーシャルワー

クの教育・養成に関する世界基準』相川書房　2009年　p.10

13）IFSW「ソーシャルワーク専門職のグローバル定義」https://www.ifsw.org/wp-content/uploads/ifsw-cdn/assets/ifsw_64633-3.pdf　2020年8月19日確認

14）社会福祉専門職団体協議会（社専協）国際委員会「IFSW（国際ソーシャルワーカー連盟）の『ソーシャルワークのグローバル定義』新しい定義案を考える10のポイント」https://www.jacsw.or.jp/06_kokusai/IFSW/files/SW_teigi_kaitei.pdf 2020年8月19日確認

15）『大辞林4.0』三省堂　2019年

16）厚生労働省「社会福祉士養成課程のカリキュラム（案）」https://www.mhlw.go.jp/content/000525183.pdf　2019年

17）厚生労働省「障害者の自立と社会参加を目指して」https://www.mhlw.go.jp/bunya/shougaihoken/idea01/index.html　2020年8月19日確認

18）厚生労働省「成年後見制度の現状」https://www.mhlw.go.jp/content/000639267.pdf　2020年

19）「平成17年度における自立支援プログラムの基本方針について」厚生労働省 https://www.mhlw.go.jp/web/t_doc?dataId=00tb2918&dataType=1&pageNo=1　2005年

20）厚生労働省「日常生活自立支援事業」https://www.mhlw.go.jp/stf/seisakunitsuite/bunya/hukushi_kaigo/seikatsuhogo/chiiki-fukusi-yougo/index.html　2020年8月19日確認

21）厚生労働省 雇用均等・児童家庭局 家庭福祉課「児童自立支援施設運営ハンドブック」https://www.mhlw.go.jp/seisakunitsuite/bunya/kodomo/kodomo_kosodate/syakaiteki_yougo/dl/yougo_book_5_0.pdf　2014年　p.12

22）厚生労働省「自立支援医療制度の概要」https://www.mhlw.go.jp/stf/seisakunitsuite/bunya/hukushi_kaigo/shougaishahukushi/jiritsu/gaiyo.html　2021年2月8日確認

23）厚生労働省「生活困窮者自立支援法について」https://www.mhlw.go.jp/file/06-Seisakujouhou-12000000-Shakaiengokyoku-Shakai/0000046438.pdf　2020年8月19日確認

24）厚生労働省「母子・父子自立支援プログラム策定事業について」https://www.mhlw.go.jp/stf/seisakunitsuite/bunya/0000074680.html　2020年8月19日確認

25）厚生労働省「自立の概念等について」https://www.mhlw.go.jp/shingi/2004/04/s0420-6b2.html　2020年8月19日確認

26）厚生労働省「『社会的な援護を要する人々に対する社会福祉のあり方に関する検討会』報告書」https://www.mhlw.go.jp/www1/shingi/s0012/s1208-2_16.html　2000年

27）厚生労働省「『地域共生社会』の実現に向けて」https://www.mhlw.go.jp/stf/seisakunitsuite/bunya/0000184346.html　2020年8月19日確認

28）厚生労働省「『地域共生社会』の実現に向けた包括的支援体制の整備のための『重層的支援体制整備事業』の創設について」https://www.mhlw.go.jp/content/000605987.pdf　2020年8月19日確認

29）日本社会福祉士会「社会福祉士の倫理綱領」https://www.jacsw.or.jp/01_csw/05_rinrikoryo/files/rinri_koryo.pdf　2020年

30）ホセ・ヨンパルト、秋葉悦子『人間の尊厳と生命倫理・生命法』成文堂　2006年　p.21

31）安井理夫「ソーシャルワーク実践の原点」太田義弘・中村佐織・安井理夫編『高度専門職業としてのソーシャルワーク』光生館　2017年　p.32-33

32）同上書　p.39

33）フローレンス・ホリス、黒川昭登・本出祐之・森野郁子訳『心理社会療法』岩崎学術出版　1966年　p.8

34）「優しき挑戦者（海外編）（2）ノーマライゼーション生みの父　ニルス・エリック・バンクミケルセンさん」　http://www.yuki-enishi.com/challenger-f/challenger-f02.html　2020年8月19日確認

35）W.ヴォルフェンスベルガー著　中園康夫・清水貞夫訳『ノーマリゼーション』1982年　学苑社　pp.289-301

36）鎌田真理子「社会的包摂（相談援助の理念⑦）」相澤譲治・杉本敏夫編『相談援助の基盤と専門職　第4版』久美出版　2015年　p.144　この文脈では、「苦情解決」もエンパワメントだと考えることができるだろう。

37）衛紀生「『社会包摂』及び『社会包摂機能』について—　今後、文化芸術を語るうえでのキーワードとなる新しい概念。」可児市文化創造センター　https://www.kpac.or.jp/kantyou/essay_153.html 2020年8月19日確認

【参考文献】

A.レリス著 土居佳代子訳『ぼくは君たちを憎まないことにした』ポプラ社　2016年

M.ガブリエル、M.ハート、P.メイソン著　斎藤幸平編『資本主義の終わりか、人間の終焉か？未来への大分岐』集英社　2019年

真木悠介『気流の鳴る音 交響するコミューン』ちくま学芸文庫　2003年

第4章 ソーシャルワーカーの倫理

【学びの目標】

クライエントの価値を最大化することを職務とするソーシャルワーカーは、相反する価値の狭間におかれて判断に迷う場面、すなわち「倫理的ジレンマ」に直面することがある。

本章では、ソーシャルワーカーが直面する倫理的ジレンマに対して、どのように向き合えば良いのかを学習する。そのために、まず「倫理」について概説し、ジレンマをはじめとする「価値の対立」構造の理解を深める。

次にソーシャルワーカーの倫理綱領の意味と役割を確認したうえで、倫理的ジレンマへの対処について学習する。

なお、倫理綱領をマニュアル的に利用する方法の習得ではなく、自らの専門性に基づいて読みこなす力量の獲得が学びの目標である。

① 倫理についての理解を深める
② 倫理綱領の役割について理解を深める
③ 倫理的ジレンマの対処について理解を深める

1. 専門職倫理の概念

（1）ソーシャルワークと倫理的ジレンマ

社会福祉とは、すべての人が豊かな生活を営むことができる社会の実現を目的とした取り組みの総体である。具体的には、クライエントの生活上に生じている困難を解決することで、価値のある人生を営めるように支える一連の活動を意味している。したがってクライエントにとっては「困難が解決したか」「豊かな人生が実現したか」といったことが重要な意味をもつ。

一方で困難の解決は、社会全体の調和が保たれるように実現されなければならない。例えば、あるクライエントの困難が解決したものの、他の誰かが新たな困難を抱え込んだり、社会全体の秩序が乱れたりするような事態は避けなけ

ればならない。

　これらのことをふまえてソーシャルワーカーの職務に目を転じてみると、ソーシャルワークの技法に基づいて、公平かつ公正に社会資源を活用し、クライエントが求める価値の実現と社会全体の調和の維持に努める役割を担っている。

　ところが一人のソーシャルワーカーが同時に何人ものクライエントを担当する現実を前にして、すべてのクライエントに同じだけの時間を割くことが不可能であったり、あるいは福祉に要する財源と必要としている人数には大きな開きがあったりするなど、社会資源を常に確保・配分できるとは限らない。また個人が抱える困難も複雑化しているため、社会全体の調和を維持しながら個人の価値を実現することが難しい現実がある。

　このように、社会福祉の目的を追求していくと、一方で社会資源の偏りや個人間の価値の対立といった問題が明らかになってくる。

　この問題は格差となって現れソーシャルワーカーが解決すべき課題となると同時に、倫理的ジレンマとして立ちはだかる。この倫理的ジレンマをソーシャルワーカーは乗り越えていかなければならないが、そのときのよりどころとなるのが「倫理」である。

（2）専門職倫理の位置づけ

　「倫理」の守備範囲は非常に広く、学問的な視野から接近すれば、取り組む視点によって幾重にも切り口が広がる。それでもあえて倫理の原点、あるいはその根幹をあげれば、「善」について考えるのが倫理であるといえる。この「善」を定義するのは紙幅が足りないので、さしあたりここでは「価値が高い」のと同じ意味であるとしておこう。

　この「善」とは何かを問い、「善」の実現方法やその判断根拠の妥当性について問う営みが「倫理学」である。倫理学は一般的に「善そのもの」を問う「メタ倫理学」、善の実現方法を問う「規範倫理学」、現実的な問題に対処する基準を問う「応用倫理学」に分類されている。このうちソーシャルワーカーの専門職倫理は、支援上に生じる迷いに対して向けられていることから「応用倫理学」に位置づけられる。したがって、「応用倫理学」に関する知識を駆使できる力量の獲得は、ソーシャルワーカーにとって必須となる。そこで少し「倫理学」について触れておこう。

（3）倫理の役割

　倫理学の祖とされているアリストテレスは、ニコマコス倫理学の冒頭で「あらゆる技術、あらゆる研究、同様にあらゆる行為も、選択も、すべてみな何らかの善を目指している」[1]と述べているように、「倫理」とは、行為や選択が「善」を為すのか、すなわち「価値が高い」のかどうかの判断基準に正当性を与える役割を担っている。

　私たちの日常生活は、自分にとって好ましい事柄の実現や満足度が向上することをめざす営みである。このとき満足度が高まるのは、ある基準を上回ることを意味している。例えば、「昼食に何を食べるのか」といったことも、意識する／しない、あるいは結果の善し悪しは別にして、自分が定めた基準に基づいて、自らの満足度を高めるメニューを選んでいる。具体的には、「昨日は和食にしたから、洋食にしよう」とか、「財布が寂しいから、おにぎりだけにしておこう」など、いくつかもち合わせている判断基準を総合して、そのなかからより高い満足度をもたらす選択肢を選び出している。これが昼食程度であれば、それほど大きな善の実現に関わるわけではないので、倫理的な問題になることはほとんどない。概ね「好きな食事をすればよいではないか」というのが落とし所になろう。

　しかし、進学や就職、結婚といった人生を左右する選択であれば、自分勝手な満足を追求すれば他の人に迷惑がかかるので、自分を含めた全体の利益の増進も考慮する必要がでてくる。例えば、配偶者がいる異性との結婚を実現しようとすれば、自分の満足度は高まるかもしれない、しかし、その異性の配偶者の身内状況が激変するなど全体の利益は損なわれるのだから「善」を実現したことにはならず、したがって倫理的な問題になる。

　これらをまとめれば、私たちの生活は選択の連続であるにも関わらず、すべての選択肢を充足することはできないので、いずれかを選び出す必要に迫られる。このとき私たちは「善」、すなわちより高い価値を実現する選択肢を選びだしているが、その判断する際の基準が妥当であるかどうかを自分自身で証明することができない。そこで、自らが下した判断に正当性を与えるために倫理が活用される。

（4）価値の対立構造と倫理綱領

　対人支援職であるソーシャルワーカーは、難しい判断を迫られる場面に直面する機会が多くある。特にクライエントのニーズを充足することが状況的に不

可能である場合などは、現実的な対応を迫られることになる。このように、ソーシャルワークを実践するうえで生じる「価値の相違」にはいくつかの解釈があるので、確認しておきたい。

①パラドックス

　「ゼノンのパラドックス」が有名であるが、一見すると正しそうな前提と、そこから導かれる推論から、受け入れがたい結論が導かれる事柄を指している。ソーシャルワークでは、「クライエント主体の支援」などは、形式的にはパラドックスであるといえよう。

②コントラディクション

　われわれがよく耳にする「矛盾」のことで、肯定と否定が含意されている主張を意味している。ソーシャルワークでは、立場によって発言が異なる場合、例えば施設長を兼務するソーシャルワーカーは、立場によって発言内容を変えざるを得ない場合などが考えられる。

③アンチノミー

　聞き慣れない言葉かもしれないが、「二律背反」と訳されている。同一の前提から、相反する二つの回答が導き出させる命題のことを指す。ソーシャルワークでは、しばしば「経験は理論よりも貴い（あるいはその逆も）」といわれることがあるが、これは正しくもあり、誤りでもある。

④ジレンマ

　ある事柄の間で板挟みの状態になることが「ジレンマ」である。ソーシャルワークでは、風邪を引いたので欠勤しなければならないが、自分が休むと人手不足となり職場が回らないので休めない。しかし出勤すれば感染させてしまうかもしれない、といった悩みなどはジレンマの典型である。

　代表的な価値の対立構造について確認したが、このうち「④ジレンマ」は、どちらも魅力的な、あるいは避けたい選択肢であるにも関わらず、どちらかを選ばなければならない状況に身が置かれた状態であり、特にソーシャルワーカーを苦しめる。

　ソーシャルワークがクライエントの価値の実現に資する活動である以上、さまざまな選択肢のなかから状態を見極め、適切に対処して最善となるサービスを提供することが求められる。それは部分的にではなく、全人的な関わりとして実施されるため、クライエントがすべき判断に重要な影響を与えている。しかも対人支援が一対一の関係のみで行われることは皆無に等しく、クライエントを中心に家族や関係機関との連携によって行われる。そのためソーシャル

ワーカーは、それぞれの立場に基づく考えの違いを調整する役割も担っている。

　しかし、ソーシャルワーカーの個人的な考えや社会一般的な通念に基づいて判断をしてしまうと、クライエントの権利侵害につながり、結果的にクライエントの価値や社会全体の価値を損なうことになる。つまり個人的な思い込みではない、判断根拠の正しさ、言い換えるならば、「公平性や公正性が担保されている」という根拠が必要となる。

　その根拠となるものが、ソーシャルワーカーの「倫理綱領」である。そこで次に「倫理綱領」について確認してみよう。

2.　ソーシャルワーカーの倫理綱領

（1）ソーシャルワーカーの倫理綱領策定の流れ

　これまで確認してきたとおり、倫理とは価値の狭間に生じるできごとに対する判断の根拠に正当性を与える役割を担っている。このうちソーシャルワーカーが直面したときに具体的なよりどころとなるのが、専門職の倫理であり、具体的に明文化されたものがソーシャルワーカーの倫理綱領である。

　わが国におけるソーシャルワーカー専門職団体の倫理綱領の萌芽は、1961（昭和36）年に策定された日本医療社会事業協会（現・日本医療社会福祉協会）の「医療ソーシャルワーカー倫理綱領」であるとされている。その後、1986（昭和61）年に日本ソーシャルワーカー協会によって「ソーシャルワーカーの倫理綱領」が宣言され、1995（平成7）年には、日本社会福祉士会も同会の倫理綱領として採択をしている。これらの動きを受けて、ソーシャルワーカー職能4団体（日本社会福祉士会、日本ソーシャルワーカー協会、日本精神保健福祉士協会、日本医療社会福祉協会）による新しい倫理綱領の作成がはじめられ、2005（平成17）年に「ソーシャルワーカーの倫理綱領」が策定されている。なお、この倫理綱領は「社会福祉士の倫理綱領」など、各職能団体名を冠することになっている。

　2014（平成26）年に、国際ソーシャルワーカー連盟の国際会議で採択された「ソーシャルワーク専門職のグローバル定義」に基づいて倫理綱領の改正が行われ、2020（令和2）年に新しい倫理綱領として策定されている。巻末資料として掲載しているので、参照して欲しい。

　なお、この倫理綱領も従前の取り決めを踏襲し、各職能団体名を冠している。また、これまでは倫理綱領に基づいて行動規範も定められていたが、今般の改

訂にともなって行動規範も改訂が見込まれている。

（2）倫理綱領の内容

　ソーシャルワーカーに限らず、医師や弁護士といった専門職にも職務の適正化を担保するために「倫理綱領」が定められている。いずれも所属する専門職が遵守すべき事柄を枠組みとして、その職務が十二分に遂行できるように策定されている。

　ソーシャルワーカーの倫理綱領はソーシャルワーク専門職のグローバル定義をふまえ、「前文」「原理」「倫理基準」の3部で構成されている。

1）前文

　この倫理綱領の全体的な性質が簡潔にまとめられているのが「前文」である。その土台は、ソーシャルワーク専門職のグローバル定義にあり、これまでの倫理綱領で述べられていた「人権と社会正義」に加え「集団的責任、多様性尊重および全人的存在」も原理として掲げている。

　また専門職がめざすのは、これまでは「サービス利用者の自己実現」であったが、「人々がつながりを実感できる社会への変革と社会的包摂の実現」へと発展し、そのためには「多様な人々と組織と協働する」ことを明言している。

　さらに社会システムや自然的・地理的環境が人々の生活は相互に関連し合っていること、社会変動が社会環境や人間疎外をもたらしているからこそ、ソーシャルワーカーが社会に必要不可欠であると自覚することを求め、また社会に対する啓発を促している。

2）原理

　2005年版の見出項目は「価値と原則」であったが、2020（令和2）年の改正で「原理」に改められた。2005年版では、「①人間の尊厳、②社会正義、③貢献、④誠実、⑤専門的力量」の5つを「価値と原則」として掲げていたが、2020年版は「①人間の尊厳、②人権、③社会正義、④集団的責任、⑤多様性の尊重、⑥全人的存在」の6つに改められた。

　「原理」上掲げられているこれらの6つは、ソーシャルワークを支える土台であり、また重要な構成要素であることを意味している。特に、新たに追加された「②人権」「④集団的責任」「⑤多様性の尊重」「⑥全人的存在」は、昨今の社会変動や格差の広がり、また問題を自己責任とする風潮に対して警鐘を鳴らしている。と同時にソーシャルワーカーが自覚的に向き合い、なにをなすべ

き専門職であるのかを意識化させる条文である。

　なお「③貢献、④誠実、⑤専門的力量」はソーシャルワーカーに求められる態度を示していたことから「原理」としては削除されたが、倫理綱領の枠を超え、重要な項目であることの理解は必要である。

3）倫理基準

　「倫理基準」は、ソーシャルワーカーが遵守すべき態度や項目、判断の迷いが生じたときのよりどころとなる内容がまとめられている。見出項目は「Ⅰ　クライエントに対する倫理責任、Ⅱ　組織・職場に対する倫理責任、Ⅲ　社会に対する倫理責任、Ⅳ　専門職としての倫理責任」の４つにまとめられ、それぞれについて具体的な内容を合計29項目で明示している。

　「Ⅰ　クライエントに対する倫理責任」は12項目であり、ソーシャルワーカーが負うクライエントへの責任について記されてる。いうまでもなくソーシャルワークは、クライエントの生活支援を職務としているが、それはゴールのみを追求しているわけではない。むしろクライエントの人格を尊重しながら主体性を重んじ、本人が十分に能力を発揮できるよう支えることにある。そのためには、クライエントと良好な関係を構築することが必須であり、その際の留意点についてまとめられている。支援を実施する前には常に確認しておきたい項目である。

　「Ⅱ　組織・職場に対する倫理責任」は、2005年版では「実践現場における倫理責任」というソーシャルワークが展開される場を対象としていたがこれを改め、ソーシャルワーカーが所属する組織や同僚に対して、どのような責任があるのか、また求められている行動について記されている。

　項目も「組織内アドボカシーの促進」「組織改革」の２項目が追加されて６項目となっている。これは、安心してソーシャルワークを展開するためには、安定した組織運営が絶対条件であり、かつ支援を行ううえで相応しくない状況が明らかになった場合の対応の仕方を明示したものである。

　「Ⅲ　社会に対する倫理責任」は３項目である。ソーシャルワークは個人に対する支援を通して、同時に社会全体の調和を向上する働きを担っている。このことは、社会が個人を排除する構造を是正し、すべての人が自分らしい生活を営めることを意味している。そこでソーシャルワーカーは、ソーシャル・インクルージョンを進める責務を負っていること、そのためには、社会とグローバル社会に対して働きかけることを明示している。

　「Ⅳ　専門職としての倫理責任」は８項目である。ソーシャルワーカーとしての力量の向上はもより、社会的な信頼の獲得と保持、後進の育成や適切な調

査研究など、いずれもソーシャルワーカーとして負うべき責任について明示している。また「自己管理」の項目が追加されている。ソーシャルワーカーが困難に直面し、支援の遂行に支障が生じてしまうと、クライエントに悪影響を及ぼす。つまり充実した支援を実施するためには、自らの健康保持も含めて良好な職務環境をつくり上げることも責務の一つであり、倫理的責任であると明示したことに留意したい。

これらをふまえて倫理綱領の特徴について確認すると、倫理綱領はソーシャルワーカーの行動を律する指針ともなるべきものだが、具体的な行動を指示している訳ではない。むしろどのように活用したり実践したりするのかは、ソーシャルワーカー自身に委ねられている。また、項目一つひとつは、相互に補完する関係にあるが、実際の支援における優先順位や重要度については示されていない。その意味で倫理綱領は決してマニュアルではないことを深く理解することが重要である。

「倫理」とは判断のよりどころになるものではあるが、その判断の正しさは、幾重にも重なる選択肢のなかから、自らの意志によって個人と全体の価値の向上に資するとの判断のうえに成り立っている。したがって倫理綱領は、その判断の裏づけとしての性格を帯びているものであり、どのように解釈し運用するかは、改めてソーシャルワーカー自身に委ねられていることを理解しておかなければならない。

3. 倫理的ジレンマ

ソーシャルワークを展開するうえで生じる価値の対立に直面したとき、倫理綱領がよりどころとなるのは、これまで確認してきたとおりである。しかしながら倫理綱領そのものは手引き書ではないため、記載されている項目を読むだけでは対立の解消には至らない。そのため、読みこなす力量が問われてくる。

そこで、事例を通して、倫理綱領の活用法について確認しておきたい。ただし、あくまでも活用の例示であって、実際の場面においてはソーシャルワーカー一人ひとりが状況を理解して適切に対応できるようになって欲しい。

（1）自己決定で生じるジレンマ

[事　例]

> 　自らにとって明らかに不利になる状況をクライエントが望んだ場合、例えば、アルコール依存状態にあるクライエントがアルコールの摂取を熱望したとき、ソーシャルワーカーは「クライエントの自己決定だから」と飲酒を認めるべきだろうか。

　事例は論点を際立たせるために極端な場面をあげたが、「自己決定」に関するジレンマは、ソーシャルワークの展開で往々にして見られ、また多くの葛藤を生み出す。自己決定の尊重は倫理綱領にも明記されているが、なぜ、ソーシャルワーカーは、自己決定を前にして倫理的ジレンマに陥るのだろうか。

　「自己決定」とは、さしあたり「自分の決定」と文字通りの理解ができるが、「決定」は一つの行為だから「自由」と密接な関係にある。このときの「自由」とは「束縛から解放される」という意味での「自由」ではなく、「自らの意志に従うことができる」という意味での「自由」である。つまり、「自己決定」とは、単純に「自分の決定」を表しているのではなく、「自らを律することが保障されている状況で行われた決定」を意味している。

　事例の場面では、飲酒できない状況からの解放を求めてアルコールの摂取を熱望したのであれば自らの欲求は満たされるかもしれない。しかし、全体の価値を高めることにならないため、ソーシャルワーカーとして飲酒したいという自己決定を支持することはできない。

　だが、飲酒に対する制限がないなかで、自らの意志に従って飲酒を選択したのであれば、それは自由意志による決定であり、したがってソーシャルワーカーは支持することができよう。しかし、アルコール依存状態にある者が、制限なく飲酒できるといった状況はありえないのだから、やはり自己決定として支持することはできないといえよう。

　ここで倫理的ジレンマが生じる根本的な原因として、「自由」をどのように保障し実現するかの問題に収斂することになる。つまり、この事例ではクライエント自らが「飲酒をしない」という自己決定を行える環境を整えることがソーシャルワーカーに求められている。

　このことをふまえてソーシャルワーカーの倫理綱領を参照してみると、倫理綱領の【倫理基準、Ⅰクライエントに対する倫理責任】の「5.（クライエントの自己決定の尊重）」がよりどころとなる。クライエントの自己決定が生命や健康を大きく損ねる場合などは、本人を含めた関係者のウェルビーイングの

調和を図ることが求められている。このケースでは、アルコール依存状態で飲酒をすれば、本人の健康に加え、家族や友人、職場などの生活状態は悪化してしまう。したがって、自己決定だからとこれを無条件に認めるのは慎まなければならないのである。

（2）組織との間で生じるジレンマ

[事　例]

> ひとり親家庭の多い地域で児童養護に携わるソーシャルワーカーは、できる限り地域の状況を把握して、困難な状況にある子どもを発見し支援したいと活動している。しかし職場は施設を利用している子どものケアを優先するよう求めており、施設外での積極的な活動には理解を示さないことに苦しんでいる。

ソーシャルワーカーが所属する組織と自らの価値が一致していることが望ましいのは言うまでもない。しかし、全体的な方針は同じ方向を向いていても、個別の判断を要する場面や支援の実施方法などですれ違いが起こることはしばしば見受けられる。特に、職業人としての側面をもつソーシャルワーカーは、所属組織の運営方針に反しないまでも、理解を得にくい活動、例えば職能団体の理事を務めるなどといった選択をすることが憚られることがある。このことが、単なる支援方針の違いである場合は、双方の話し合いで解決できる場合もあるが、施設の行っている不正を現認した場合などは、告発すべきとはわかっていても利害関係が先立つため、告発にはかなりの勇気が必要であり、実行に移すことができずに苦しむことになる。

本事例では、不正に関する内容ではないものの、ソーシャルワーカーの支援観と所属組織の方針が異なるために、思うような支援をすることが叶わずに板挟みになっている。もちろん、施設を利用する子どものケアを疎かにしてまで地域支援活動に従事するのは慎まなければならないが、孤立する子育て家庭を早期に発見することで、不幸な案件を削減したいというソーシャルワーカーの考えも大切である。

ここで倫理的ジレンマが生じる根本的な原因として考えられるのは、支援観の多様性である。したがって、どの点が相違しているのか、なにが異なっているので不適合が生じているのかを明瞭にすることが重要となる。所属組織の方針が明らかに錯誤しているのか、あるいは、意思疎通の不足による誤解なのかによって取るべき行動は異なってくる。

このことをふまえてソーシャルワーカーの倫理綱領を参照してみると、倫理

綱領の【倫理基準、Ⅱ組織・職場に対する倫理責任】の「4.（倫理的実践の推進）」および「6.（組織改革）」がよりどころとなろう。所属組織の方針がソーシャルワーカーの倫理的実践、すなわち価値の実現をめざした実践を阻害する場合は、適切な手段を講じて改善を図らなければならない。また、世の中の動きに合わせて流動するのが社会である。所属組織の方針が定まっていたとしても、社会の変化に合わせた改善は必要となる。状況に応じて適宜、改革を進めるよう働きかけることも重要な取り組みである。

　なお、組織の方針との板挟みで苦しむことは、よい支援を行うとする表れでもある。逆に思考を停止して所属組織の指示に身を委ねることは慎まなければならない。

（3）価値観の相違で生じるジレンマ

［事　例］

> 　認知症の母親を自宅で介護することが最良と考えながら、特別養護老人ホームで相談員をしているソーシャルワーカーは、自らのなかにある「自宅介護」と「施設支援」との狭間で苦しんでいる。

　ソーシャルワーカーは福祉の専門職であり、それは職業人としての性格を帯びていることを意味している。したがって、職務として課せられている役割を実現することはとても重要である。一方で、一人の人間として自らの職務を振り返ったとき、腑に落ちないような感覚に襲われることがある。これは、自らの内面に全く相反する価値観が併存することで生じているからであり、この感覚に正面から向き合うと倫理的ジレンマが生じる。自らが行っている支援を、自分自身が利用したいか、と自問したとき、必ずしも同意できるとは限らないケースはよくあることだ。

　事例のような極端な場合でなくとも、理想と現実の狭間で生じる苦しみや悩みが生じることも多々あり、上手に解消できないとバーンアウトを引き起こす原因ともなる。

　本事例では、自らの支援観とは異なる状況に身を置いていることがソーシャルワーカー自身を苦しめている。であるとすれば、退職するというのも取り得る一つの方法であるかもしれないが、果たしてそれで解決するのだろうか。

　ここで倫理的ジレンマが生じる根本的な原因として、相容れない価値観から目をそらしていることが考えられる。したがって、まず自らを見つめ直すことが必要となる。どのような価値観が相容れないのか、そのような価値観がなぜ

自らのなかに併存しているのかを明らかにすることによって、板挟みとなっている状況が明瞭になる。

このことをふまえてソーシャルワーカーの倫理綱領を参照してみると、倫理綱領の【倫理基準、Ⅳ専門職としての倫理責任】の「8.（自己管理）」がよりどころとなろう。すなわち、相容れない価値観が併存するという困難に直面することで業務に支障を来たす場合、クライエントの価値の実現に影響を及ぼすことは厳に慎まなければならない。そのためには、一人で抱え込んだり、一方の価値観を否定したりするのではなく、安定した支援ができるよう、同僚への相談や先輩ソーシャルワーカーによるスーパービジョンを依頼するなど、自己管理に努めることが重要である。

（4）倫理的ジレンマを超えて

本章を通して「倫理的ジレンマ」に向き合ってきた。「倫理的ジレンマとはこれこれである」といった辞書的な定義をすることは簡単である。しかし、クライエントとの関わりをはじめとして、実践において生じる倫理的ジレンマを定義に当てはめても解決しないどころか、幾重にも重なり合う矛盾に身動きがとれなくなるだろう。そこで多くは、倫理綱領をマニュアル的に活用するか、思考を停止して倫理的ジレンマから距離を置こうとする。それはすべて倫理的ジレンマが類型化できないことに原因を発している。

また、倫理の切り口が多様であることもその要因の一つである。ここでは触れなかったが「善」を為す行為に対する考え方も一つではない。日常生活において「倫理」が問われることはないし、耳にすることも少ない。しかし、判断に迷ったとき、自らの行為が正当であるかの根拠を与えるのが倫理である。

ソーシャルワーカーをめざすにあたって、正しい実践ができるよう倫理についての学習に励まれることを期待したい。

【学びの確認】
①「クライエント主体の支援」が形式的にはパラドックスであるといえるのはなぜか考えてみよう。
②「ソーシャルワーカーの倫理綱領」の改定された項目について、新旧の違いを確認してみよう。
③これまでに経験したジレンマについて、ソーシャルワーカーの倫理綱領をよりどころとして自分なりに解釈してみよう。

【引用文献】

1）アリストテレス著、朴一功訳『ニコマコス倫理学』京都大学学術出版会　2002年　p. 4

【参考文献】

I.バーリン著、小川晃一他訳『自由論』みすず書房　1997年

青木孝平『「他者」の倫理学―レヴィナス、親鸞、そして宇野弘蔵を読む』社会評論社
2017年

秋山智久『社会福祉の思想入門―なぜ「人」を助けるのか』ミネルヴァ書房　2016年

安彦一恵『「道徳的である」とはどうことか』世界思想社　2013年

伊勢田哲治『倫理学的に考える』勁草書房　2012年

大久保正健『人称的世界の倫理』勁草書房　2005年

小阪康治『応用倫理学の考え方』ナカニシヤ出版　2006年

坂井昭宏・柏葉武秀編『現代倫理学』ナカニシヤ出版　2007年

長友敬一『現代の倫理的問題』ナカニシヤ出版　2010年

H.ヨナス著、加藤尚武監訳『責任という原理』東信堂　2010年

久重忠夫『非対称性の倫理』専修大学出版局　2002年

F.G.リーマー著、秋山智久監訳『ソーシャルワークの哲学的基盤』明石書店　2020年

中村剛『福祉哲学の構想―福祉の思考空間を切り拓く』みらい　2009年

新田孝彦『入門講義倫理学の視座』世界思想社　2000年

第5章｜ソーシャルワークの形成過程

　何ごとかを学ぶ際に歴史的にものを見る、すなわち時間の流れのなかで自分を位置づける姿勢は欠かせない。ソーシャルワークを一つの仕事の分野として見た場合、その歴史は比較的浅いといえるだろう。しかし、その成り立ちや発展の背景を知ることは現代のソーシャルワークを考えるうえで重要である。

　さらに、ここでの学びの延長としてソーシャルワークの形成過程を福祉史全体のなかに位置づけて理解していくように心がけることを勧めたい。

　本章では、イギリスを発祥の地とするソーシャルワークが主にアメリカで発展した過程を中心に、その誕生前夜から現代までの流れをたどる。また、日本の社会福祉職が、英米の潮流から学んだ面もありながら、文化や制度の違いからそれとは異なる独自なあり方をたどってきた経緯を振り返る。

①　ソーシャルワークが誕生した社会的背景を理解する。
②　多様なソーシャルワーク分野の発展と、統合への過程を理解する。
③　英米との比較で日本の福祉職の歴史を理解する。

1．創成期

（1）慈善組織化運動と社会改良運動

　人々の生活困難に対する援助行為を社会福祉の原点と考えるとすれば、その営みにまつわる出来事や考え方の起源を社会史のはじまりまでたどる必要があるだろう。しかし本章はソーシャルワークが産業革命後の都市部における貧困という、特定の問題に対して組織的な専門的仕事として登場した直接的経緯に遡るにとどまるものである。

　19世紀後半のイギリスに端を発し、ソーシャルワーク発展の前史といわれたのは慈善組織化運動（Charity Organization Society Movement：COS運動）

および社会改良運動（Social Reform Movement）である。両者は密接に関係しながらソーシャルワークの創成につながっていった。

1) COS 運動

　ヨーロッパでは主にキリスト教の宗教的実践としてはじまった施しや慈善はやがて組織的な慈善事業となっていく。19世紀後半、都市の貧困問題の増大につれて無秩序な慈善救済事業が乱立するに至り、その弊害を防止するために結成されたのが慈善組織協会（COS）である。COS運動は施し物の施与（almsgiving）を科学的、効率的、予防的に行うための手段として導入された。貧困家庭の個別調査と慈善団体間の調整により救済の適正化を図る一方、篤志家（主に裕福な家庭の女性）が貧民を直接個別に訪問し、人格的感化を通じて自立を促すことが目的であった。調査や調整の機能はコミュニティ・オーガニゼーションの、そして友愛訪問と呼ばれた個別訪問はケースワークの前身とされる。

　友愛訪問時代のCOSのスローガンは「施しではなく、友人を」であったが、当時の友愛訪問員（friendly visitors）が対象としたのは人格的感化力の及び得る、すなわち訪問の効果が期待できる人々であり、人格的に優れた者がそれに劣る相手に感化を与えようとする側面があった。当時の記録には「（援助する）価値のあるケース」「価値のないケース」という表現があり、その貧困観には限界がある[1]。

　このように現代のソーシャルワークとは異なる価値観に支配されている点は否めないが、現金や物品の給付にとどまらない、個別の接触に基づく援助である点が「前身」といわれる所以であろう。またソーシャルワークにおける「個別化」の原則はこの時代から尊重されていた[2]。

　1869年にイギリス・ロンドンで最初に設立されたCOSは、1877年にニューヨーク州バッファローでの設立を皮切りにアメリカ各地に広がった。無給の友愛訪問員はやがて有給のケースワーカーにとって代わられていく。特にアメリカではその後のCOSは家庭福祉機関等と名を変えながら、民間福祉を基盤とするアメリカ流ソーシャルワークの礎となった。

2) 社会改良運動　ーセツルメントー

　同じく19世紀後半の急速な産業化、都市化、人口移動に対応して社会改良主義による運動が生まれ、その流れは後にコミュニティ・オーガニゼーションや社会計画などの方法論へとつながっていく。

　都市とスラムの急激な拡大は、表面的には進歩の時代といわれた時期に大規

模な社会改良運動を生みださずにはおかなかった。運動を担った中産階級出身者たちは主にプロテスタント系の大学卒業生であり、19世紀の思想家の社会的・哲学的思想の素養を身につけ、法律家、ジャーナリスト、政治家、行政官、経済学者、教師などの職業についたが、このなかに先駆的社会事業家となった人々も多く含まれていた。

　彼らがかかわった活動はさまざまな形をとったが、福祉的実践として後のコミュニティ・オーガニゼーションもしくはコミュニティ・ワークの系譜につながるものとして目立つのがセツルメントである。これは近隣地区のレベルで生活環境をよくすることを目的として行われた住民の組織化活動である。

　セツルメント（settlement）とは「知識と人格を兼備する人がスラムに入り住み込むの語意であり、そこでの貧民との知的および人格的接触をとおして福祉の向上を図る事業」[3]である。セツルメントのレジデント・ワーカー（resident worker：住み込みの職員）は当初自分たちの見聞を社会に報告することがその任務であったが、実際には地域の人たちと協働して、経済的に恵まれない人、教育を受けられなかった人、障害のある人、人種の違い・外国生まれ・国籍や宗教の違いなどを理由にして差別されている人たちに平等の権利を確保する運動を展開した。セツルメントの目的は近隣地区の住民（大部分は移民）と中産階級ボランティアを「民主主義実現のための活動」に参加させることにあった。

　最初のセツルメント・ハウスはロンドンのトインビー・ホールで1884年に設立された。初代館長はロンドンの貧民・労働者街イースト・エンドの教会司祭を務めたバーネット（Barnett,S.）で、彼は妻ヘンリエッタとともにキリスト教社会主義者として運動を展開し、ハウスにその名を冠された経済学者アーノルド・トインビー（Toynbee,A.）にも影響を与えた。大学人の手による世界最初のセツルメント・ハウスであり現在も活動を続けている。

　一方、トインビー・ホールで経験のあったコイト（Coit,S.）は1886年、ニューヨークにアメリカ初のセツルメント・ハウスである「ネイバーフッド・ギルド」を開設した。セツルメント・ハウスは最終的には400か所以上にもなり、地域住民の権利擁護、グループワーク、地域開発に携わるようになっていった。

　また、アダムス（Addams,J.）とスター（Starr,E.）が1889年にシカゴに設立したハルハウスは、全米で最も影響力のあるセツルメント・ハウスの一つといわれている。

　この運動の影響はわが国にも岡山博愛会（1891年）、キングスレー館（1897年）を生み、セツルメントは隣保事業と訳され昭和初期にかけての活動があった。

（2）ソーシャルワークの誕生

1）医療や児童福祉分野での萌芽

　COSによる援助は都市部の貧困者救済からはじめられたが、アメリカ社会において他のさまざまな分野でも援助のしくみが徐々に芽生えていた。

　1898年には最初の教育機関としてニューヨーク博愛学校（後のコロンビア大学ソーシャルワーク学校）が設立された。ボランティアや友愛訪問員のための夏季ワークショップや訓練プログラム、1年コースの教育プログラムなどが提供された。ちなみに「ソーシャルワーカー」という言葉は友愛訪問員やセツルメント・ハウスのレジデントを指す語として教育者パッテン（Patten,N.S.）が造ったとされる呼称で、このころに生まれた言葉である。後述するリッチモンドは当時、博愛学校の教員でありCOSの理事でもあったが、『貧困者への友愛訪問（Friendly Visiting Among the Poor）』（1899年）というソーシャルワーカー向けハンドブックを出版している。

　1905年、ボストンのマサチューセッツ総合病院に社会サービス部が創設された。疾患と患者の社会的背景には密接な関連があることに気づいたキャボット（Cabot,R.C.）医師が創設したものであり、最初の専任職員としてキャノン（Cannon,I.）が採用された。やがて医療ソーシャルワーカーとなる病院の相談員は当初はアルマナー（almoner）と呼ばれた。1905年以降の10年間で100以上の病院がソーシャルワーカーを雇うようになっていった。

　精神科領域のソーシャルワークは同じくマサチューセッツ総合病院で1907年にはじまったが、1914年ボストン市内の精神科病院で「精神科ソーシャルワーカー」という職名でのはじめてのソーシャルワーカーが雇用された。またこの分野では、自身の精神疾患の経験を元に、後の全米精神衛生運動に先鞭をつけたビーアズ（Beers,C.W.）の活動も銘記されなければならない。その『わが魂にあうまで（A Mind That Found Itself）』（1908年）は現在も読まれる著作である。

　1906年には「学校ソーシャルワーク」がニューヨークではじまったとされる。1909年、ルーズベルト大統領による最初のホワイトハウス会議がアメリカの子どもたちが直面している問題を話し合うために、ソーシャルワーカーと関連分野のリーダーを集めて開催された。1912年には合衆国政府に児童局を設立、児童福祉の公的責任が明確化された。初代局長にはソーシャルワーカーで元ハルハウスのレジデントだったラスロップ（Lathrop,J.）が就任している。

　19世紀後半になって少年犯罪を福祉援助の必要な社会問題とする見方が徐々に広がりだしたが、1899年にシカゴに最初の少年審判所が開設されてからその

制度化が進んだ。この少年審判所（juvenile court）運動にかかわったソーシャルワーカー等の実践もまたソーシャルワークの専門職化につながっていった。

　COSは1910年ごろまでに家庭福祉協会と改名し、ケースワークを行う民間団体の中心的存在となっていた。このように、諸分野で個別援助に中心に置く支援が展開され、ソーシャルワーカーの組織や質の向上を図る活動も発展していった。

　このころ、1915年の全米社会福祉会議（National Conference on Social Welfare）に招かれ「ソーシャルワークは専門職か」について講演したフレクスナー（Flexner,A.：アメリカの医学教育発展に寄与した）は、「ソーシャルワークはまだ専門職としての質が担保されていない。ワーカーは個々の責任性に乏しく、体系的な知識を記した文献がなく、教育制度が不十分である」と述べたのであった。

2）メアリー・リッチモンドの貢献

　フレクスナーへの答えの書となったのがリッチモンド（Richmond,M.）の『社会診断（Social Diagnosis）』（1917年）である。ケースワークに関する最初の体系化とされる本書は、リッチモンドが働いたボルチモアとフィラデルフィアのCOSにおける実践を基に、少年審判所や附設収容施設での記録や医療現場における社会サービス運動も参考にして書かれた。社会的証拠（事実・証言・状況）の収集→比較・推論→社会的診断という援助の過程を示し、社会的診断を「ある特定のクライエントの社会的状況とパーソナリティをできる限り明確に理解していくための試みである」と定義している。本書には法律学、心理学、歴史学、論理学、社会学などからの知見が見られるが、「診断」という言葉に見られるように医学や疾病からのメタファーが活用されており、キャボット医師らからの学びが多かった。

　リッチモンドの思想的立場は社会改良主義であるが、全体的施策と個別施策が相補的に働くことを一貫して主張していた。

　『社会診断』は、原因を解明することが治療を促すという前提、すなわち19世紀の科学と科学主義を反映した前提から、徹底した事実の収集と意味づけをすることの必要性がみられる。社会的疾病の原因を解明することが、治療と考えられた。また、ケースワークの黎明期は、プラグマティズム（実用主義）が隆盛を極めた時代であり、ソーシャルワーカーがその時代の社会を改革するために、他の人たちと結束した進歩的時代でもあった。リッチモンドらは専門職として、より高い地位へと向上するためには、科学的方法論を確立することが必要であったし、科学的有効性を高めることがそのころのCOSの要求でもあっ

た。慈善ワーカーからケースワーカーへの変化と科学的基盤が意識されはじめたころである。

　しかし、リッチモンドはソーシャルワークを「援助のアート」と呼んでおり、20世紀初頭のソーシャルワーカーは理論家というよりは、事実を収集する者、調査者（investigator）というべき存在でもあった。

2. 各分野の発展過程

　ソーシャルワークにはリッチモンドらにはじまるケースワーク、すなわち個別援助の系譜の他に、小集団に対するグループワーク、地域を対象とするコミュニティ・オーガニゼーションの流れがあった。やがてソーシャルワークの統合化へと至るが、各分野の経緯をたどっていこう。

（1）ケースワーク

1）心理学・精神医学への傾倒

　1920年代はケースワークが心理学、精神医学あるいは精神分析学にその理論的根拠を求めた時代である。第一次世界大戦を契機にケースワークの対象が貧困層にとどまらず、扱う問題も多様化し、また心理学や精神医学の発展などがその背景にあった。

　1918年、アメリカのスミスカレッジ、精神科ソーシャルワーク学校でフロイト学の講義があり、1920年代は人間固有の内的な経験という文化への関心が向けられはじめた時期である。精神衛生運動のはじまりと拡大にケースワーカーたちもかかわるようになる。新しい精神医学は児童相談領域でも科学的思考と方法として受け入れられ、ケースワーカーたちは、パーソナリティにおける自我の力はケースワーク的援助によって強化し得るものである、という仮説に立ったのである。

　この時期はまたフーバー大統領のスローガン「貧困は消え去るであろう」など、第一次世界大戦後の保守的な社会経済的風潮が背景にある。

　フロイト主義心理学への過剰な傾倒はごく一部のエリート的な精神科ソーシャルワーカーに見られたにすぎない、という指摘もあるが、それでもなお、ソーシャルワーク理論の真髄を表そうとしたものはこの時代、他に見当たらない。

　ソーシャルワークにおける経済的文化的要素を無視することの危険を

強く警告する人々、晩年のアダムス（Addams,J.）、シュワイニッツ（de Schweinitz,K）などの存在もあったが、多数派は、政治的には無党派であるべき、改革者であるよりも「調整する人（adjustor）」「緩和する人（ameliorator）」でなければならない、とした。このころをケースワークにおける「精神医学の氾濫」または「心理学の洪水」の時代と称している。

　1928年のミルフォード会議ではソーシャルワークに類するグループはそれぞれ異なる技術的専門性をともなう別々のものなのか、それとも統一的な知識とスキルをもつ統合された専門職なのかについての議論があった。そして、1920年代の10年間でソーシャルワーカーの数は2倍に増加し、1930年当時で4万人を数えている。

2）診断学派と機能学派

　1929年の大恐慌後のニューディール政策、1935年の社会保障法成立といった時代背景は、それまでの専ら民間機関によるケースワーク中心から、公的扶助など社会福祉の公的責任の明確化にともなう新たなケースワークの方向性を生んだ。

　フロイト主義の流れをくむケースワーカーらが診断学派と呼ばれたのに対し、1930年代初期に機能学派と呼ばれるケースワーク理論が登場する。

　機能学派あるいはペンシルバニア学派と呼ばれたタフト（Taft,J.）やロビンソン（Robinson,V.）らはランク（Rank,O.）の意志心理学の影響を受けている。彼らは、フロイト主義者に見られる受け身的なものよりはむしろ、クライエントと積極的に関係を築くことを奨励した。彼らは、援助（help）とは心理的な困難の原因をつきつめ、心理療法をほどこすことにはあらず、と論じた。援助とはむしろ援助関係の経験そのものであり、それがよい結果をもたらすと考えたのである。

　1930年代までに、ソーシャルワークにおける重要な原理の一つ、「ソーシャルワーカーはその仕事をクライエントに『対して』行うのではなくクライエントと『共に』行う」ということが明確になった。

　二つの学派は1950年代初期まで論争を続けた。それぞれが人間性について異なる視点をもち、それぞれの視点から適当と思われる援助を提供した。

　診断学派（フロイト主義者）は決定論的[*1]であり、すなわち人間の行動を過去の原因となる出来事、特に幼少期の経験の結果として現れてくるものとして見た。クライエントは成長過程にあった自分への支配（power）を認識しなければならない。現在の行動のパターンから逃れられない状況から自由になるための唯一の方法が、自身の心理的過去を洞察することなのだ。

＊1　決定論とは、初期状態が与えられればそれによって未来は決まってくる、という考え方。これに対する考えを非決定論という。主にキリスト教道徳や物理学における議論で用いられる用語。

機能学派は、ランクの理論を福祉分野に応用した。フロイト主義者とは対照をなし、個人を理解するのは、現在の状況・環境との関連でのみ可能である。これを基礎として、その実践では、現在すなわち「ここで、今」と、責任をもつ機関の機能（学派の名前の由来）を含めた現在の状況という現実に目を向ける。クライエントとソーシャルワーカーの関係それ自体が重要であることの理由がそこにある。クライエントが望みさえすれば、その関係を活用することでクライエントはより開かれた、より現実的な世界へと進んでいくことができる。

　ゴールドシュタイン（Goldstein,H.）は二者を比較して「機能学派は、成長の心理学を基礎とする。人は社会的に生産的な関係性のなかで機会を与えられることで自身を変革することができる。診断学派において変革の中心にいるのは問題を診断し、指示をし、治療計画を実行するソーシャルワーカーである。機能学派では、変革の中心にいるのはクライエントであり、ソーシャルワーカーはクライエントの成長の潜在的な可能性を高める援助者・促進者として行動する」[4]と指摘した。

3）ケースワーク論の進展

　マイルズ（Miles,A.）が『アメリカ社会事業理論』（1954年）で述べた「リッチモンドに帰れ」というフレーズが象徴するように、1950〜60年代にかけての多様な社会問題や貧困問題に対してケースワークは対応できているかとの反省に立つ動きがあった。1955年には7つの団体（グループワークやコミュニティ・オーガニゼーションを含む）が統合して全米ソーシャルワーカー協会（National Association of Social Workers：NASW）が設立された。会員資格は各団体の会員であることの他に、当初新たな会員は修士号をもつ者に限定されていた。

　また一方で、1950年代中頃までに診断学派と機能学派は合併融合という形を取りながら、60年代にかけてさまざまなケースワーク論が登場してくる。フロイト主義心理学の精緻化、学習理論の進展、社会学に影響を受けた考えなど、ケースワークに応用可能な理論は百出の観があった。

　ロバーツ（Roberts,R.H.）とニー（Nee,R.H.）はこれらケースワークの諸理論を収集し、1969年の時点で最も重要とみなされる7つの理論を記録した（表5－1）。これらはソーシャルワークの思想と実践における範囲の拡大やソーシャルワーカーの数が保健や福祉の領域で急激に増加したことを示唆するものでもある。

表5-1　ケースワーク理論：7つのアプローチに関する概略

アプローチ	主要な論者・要点など	歴史	理論的根拠	対象
心理社会的	ハミルトン、ホリス 診断派から発展	リッチモンドに遡る。精神科や家族機関でのケースワークに影響。	フロイトのパーソナリティ理論、自我心理学、発達心理学、人格心理学　など	援助を求める人すべて。特に家族、精神医学、医療、学校、児童福祉など幅広い。
機能的	スモーリー、アプテカー クライエントの成長する力を重視、機関の機能が提供できる援助	ペンシルバニア大学のタフト、ロビンソンらによる機能派。	ランクの意志心理学、ミードやデューイ、マズローの自己実現　など	すべての社会問題とクライエント。グループワークを用いることが増加。
問題解決	パールマン 問題解決過程としてのケースワーク	パールマンの著書『ケースワーク：問題解決の過程』(1957年)	デューイ、ホワイト、エリクソン、フロイト、役割概念、ワーカビリティ概念	特にターゲットとなるグループはない。
行動変容	トーマス 行動の安定化や変容につながる処遇	50年代に導入された行動療法のソーシャルワークへの影響。	学習理論と条件づけ、オペラント行動	この時点では臨床体験の集積中。精神障害、障害児など。
家族療法	シュルツ 家族をケースワークの単位とする合意	50年代にソーシャルワーク現場の治療モデルに導入。	ハートマン、エリクソン、対人関係理論、パーソンズ　など	家族機関、児童クリニック、精神医学、病院の外来など。
危機介入 (短期処遇)	ラポポート 緊急時やストレス状況への対処	60年代に危機理論を短期ケースワーク処遇に適用した。	行動科学や社会科学から幅広く応用。カプラン　など	すべての人々の危機状況。
成人の社会化	マクブルーム 社会的役割の学習機会を逸した人への援助	60年代ケースワーク効果に対する批判から生まれた。	ミード、デューイ、パーソンズらの諸概念　など	世代で繰り返す生活困窮。役割学習の機会をもたなかった人。

出典　山崎道子「ケースワークの動向とケースワーク理論の七つのアプローチ」『ソーシャルワーク研究』Vol.5 No.4 相川書房 1980年 pp.278-285 を簡略化して筆者作成

(2) グループワーク

　コノプカ (Konopka,G.) が著書『ソーシャル・グループワーク ―援助の過程 (Social Group Work: a Helping Process)』(1963年) においてグループワークの歴史を下記のように整理している。

　もともとグループワークは、一種の社会運動、民主的行動の一つのあり方、さまざまな社会サービス諸分野の一部分であるとして理解されていた。ケースワークの体系化に寄与したリッチモンドのような特定の人物を祖とする体系とは異なる。グループワークは相互扶助から発達したといえる。

　グループワークとレクリエーション、社会教育は長い間、同義語としてとらえられた。基礎を築いたのは、セツルメント、近隣センター、ＹＭＣＡ、ＹＷＣＡ、ボーイ・スカウト、ガール・スカウトなどである。

　運動と指導者たちは、やがてグループの取り扱い方によっては目標達成が妨げられたり促進されたりすることに気がついたが、その考え方や概念についてはデューイ (Dewey, J.) の思想や自助運動に熱心な社会学者の貢献による。

　社会事業学校での最初の講義は、1923年のウェスタン・リザーブ大学においてコイル (Coyle,G.) によって行われた。彼女はグループワークを、なかば方法として、なかば活動の分野として教えた。1936年にはアメリカ・グループワーク研究会が組織された。リンデマン (Lindeman,E.) はグループの経験をソー

シャルワークの中心においてよいのではないかと主張したが（1939年）、一体化はまだ先のことであった。

　第二次世界大戦直前の一時期と戦時中の数か年は、グループワークの発達に大きな影響があった。民主主義というものは政治形態としても生活様式としても意識的な絶えざる努力を要するという認識や、集団経験の質の重要性がはっきりとしてきたためである。軍隊や銃後でもケースワーカーとグループワーカーが大量に動員され、一緒に仕事を進める機会も多かった。そして戦後、ウィルソン（Wilson,G.）、トレッカー（Trecker,H.）、コイル、コノプカらによってグループワークの実践方法の発達と、概念化、理論化が進んだ。

　精神分析学のケースワークへの影響は極めて強かったのに対して、グループワークは精神分析の諸概念をいくらか批判的に、かつやわらげて受け入れた。またグループワークの根底にある概念はジンメル（Simmel,G.）やマックス・ウェーバー（Max Weber）など、初期の社会学者から得られたものでもあった。

　グループワークははじめ一つの分野、運動、目標とみなされていたが、やがてソーシャルワークの一方法、ソーシャルワークの「集団」の一つと変わっていったのである。コノプカは「ソーシャル・グループワークとはソーシャルワークの一つの方法であり、意図的なグループ経験を通じて、個人の社会的に機能する力を高め、また個人、集団、地域社会の諸問題に、より効果的に対処し得るよう、人々を援助するものである」と定義している。

（3）コミュニティ・オーガニゼーション

　ロバート・パールマン（Pearlman,R.）とアーノルド・グリン（Gurin,A.）はコミュニティ・オーガニゼーション（以下、CO）および社会計画の経緯を以下のように整理している。

　COを独自の領域として取り扱った最初の文献は1920年代はじめに現れ、主要なテーマとして「社会施策やサービスの改善の強調（ニーズの決定とニーズを効果的に充足するためのサービス開発）」および「社会関係の改変（コミュニティの諸集団とその問題処理能力の向上）」の２つをあげている。1920年代においてCOに関する議論は、変動社会における小コミュニティの価値を保存しようという願望と強く結びついていた。

　CO概念の発展のなかで重要な指標となったのが1939年の『レイン報告書（Lane Report）』である。集団に対する直接的な働きかけよりもサービスや調整のほうを重要視することを意図しながらも、初期の諸見解をも含んでいた。報告書は民間事業に携わる実践家や運営管理者の活動のなかから生み出され

た。CO活動の専門職としての特性を明確にすること、および特にソーシャルワーク専門職のなかでのCOの位置を明らかにすることも主張されたが、ソーシャルワーク全体にはすぐには受け入れられなかった。COがソーシャルワーク教育のなかで正規の専攻科目として対等の地位を得たのは1962年である。

『レイン報告書』以後の理論的研究では、サービスを強化するか、それとも人々の関係や能力を増強するかという両極端のどちらか一方に焦点を合わせる傾向が見られた。ある人たちはCOを、自助をめざす組織的活動のなかに人々を関与させることである、といい、別の論者たちは、COを制度的な諸資源についての調整活動であるとした。しかし、大半の論文はその2つのつながりと、両者の相互依存関係について考慮してきた。

第二次世界大戦後の代表的論者としてロス（Ross,M.：コミュニティの参加と全体的調和の促進：1967年）、ロナルド・リピット（Lippitt,R.：問題処理能力の増強：1958年）、ロバート・モリス（Morris,R.）とロバート・ビンストック（Binstock,R.：社会状況とサービスの改善：1966年）、チャールズ・グロッサー（Grosser,C.F.：不利な立場にある集団の利益の増進：1965年）らがあげられる。

CO分野の実践にもかなりの多様性が見られるのであり、研究者による類型化が試みられた。ロスマン（Rothman,J.）は、目標、問題に関する理論仮説、権力構造への指向性、援助対象者の概念、実践ワーカーの役割についての概念、戦略、戦術、専門技術などの局面から類型化を行い、COを「小地域開発およびその組織化」「コミュニティ計画」「社会運動」の3つの理念型に分けた。

3. ソーシャルワークの統合化

ケースワークの代表的な各分野と、グループワーク、コミュニティ・オーガニゼーションの各団体が全米ソーシャルワーカー協会（NASW）に統合されソーシャルワーカーの養成カリキュラムも多様化するなか、また、当初は大学院教育に主軸を置いていたが、1969年には会員資格を学士取得者にも開くという変化のなかで実践の多様化はさらに進んでいった。そのなかでソーシャルワークの共通基盤は何かという議論が起こってくる。

すべてのソーシャルワーク理論と実践に共通することとは、目的と関心を分かち合うことである、という見方がある。

ブトゥリム（Butrym,Z.T.）は「社会的機能（social functioning）」という概念をソーシャルワークの広範な対象にかかわる基本的な権限を与えるもの、と考えた。バートレット（Bartlett,H.M.）は、各分野の実践と理論はソーシャ

ルワーク全体の一部であり、方法論を強調しすぎることなく、「ジェネリック（generic）」な要素を見出すべく共通基盤を探ることを主張した。

また、ソーシャルワークの枠組みを医学（治療）モデルに求めず、生活モデルにその独自性を見出していくようになっていった。

理論としては1970年代までにそれ以前の数十年の間に多くあった理論から、共通する概念、原理、スキルを推論し、それがソーシャルワークの本質を示すことになる、という願いがあった。この「本質」は、当時盛んになってきた「システム」という用語と無理なく一致するように思われた。システム理論が生物学、生態学、工学の分野で成功してきた時代であり、混乱するソーシャルワーカーや困難な実践にとって最適と思われたようである。ピンカス（Pincus,A.）とミナハン（Minahan,A.）、ゴールドシュタイン、コンプトン（Compton,B.）とギャラウェイ（Galaway,B.）などがソーシャルワーク実践のシステムモデルづくりを試みた。

このようにシステム理論の大きな流れがあったもののソーシャルワーク理論の統合化は時期尚早、不完全であり、認識論的な短絡だという見方もある。ホウ（Howe,D.）によれば、この段階において、システム論に基盤を置くアプローチそのものは、社会状況、人間の本質、そしてソーシャルワークの目的について広範な想定（仮定）を行ったものの、それらには当時、他の理論や実践との間での分かち合いがなかった。ソーシャルワークの知識基盤というものは複雑なものであると認めることからはじめよう、と述べている。安易な統合論に陥ることなく、説明そのものの基準が異なることに気づき、ソーシャルワーカー自身が異なるアプローチから選択していくべきであると示唆している[5]。

4．日本における福祉職の発展

ソーシャルワークという外来語が使われているのは、その意味するところにぴたりと合致する日本語がない、ということでもある。しかし、欧米でソーシャルワークという言葉や実践が生まれて間もなくその動向が日本に伝えられ、社会事業家と呼ばれる人々がその紹介や実践に携わった歴史がある。

（1）日本の方法論史への視点と大正後期の社会事業家の貢献

社会福祉史研究者である吉田久一は、その社会事業史研究のなかで日本における方法論史への視点について述べている。現代の日本におけるソーシャル

ワークを理解するうえで重要な示唆があるので以下に要約してみたい。

　日本社会事業の発達は基本的には外的なインパクトによっているが、欧米の価値に基本を置く社会福祉とは異なって発展してきた面がある。

　また、社会福祉方法論を受け入れる日本的条件を考えると、方法論を生みだした欧米、特にアメリカと日本の歴史的社会的条件と、価値観の相違の2つがある。欧米の社会福祉方法論の根底には、概ね自己決定・市民参加等に見られる市民社会の普遍化原理と個別化原理がある。しかし、日本では自己決定その他を受け入れるエートス（習慣または心的態度）も十分でなかった。にもかかわらず、日本資本主義の早熟性は、ケースワークがリッチモンドにより体系化される大正後半期から、すでに社会体制の動揺がはじまり、具体的には社会事業対象の拡大・変質が見られたのである。例えばバイステックの『ケースワークの原則』における個別化等「7つの原則」に見られる、内面的な価値合理性等と相違して、日本の社会福祉方法論は外面的な歴史や社会と切り離せないのである。一方、日本では、社会福祉方法論の土壌に儒教なり仏教なりがあり、また自然発生的に国民生活が生み出した方法もある。

　欧米の社会福祉方法論はボランタリズムに支えられて発展した、つまり専門化しながらなお官僚制批判の立場があった。日本では行政主導、あるいは方面委員に見られたように、民間人でありながら、行政を分担する組織のなかで育成された、という違いもある。また、方法論のよるべき科学が、アメリカならば精神分析や心理学ないし社会学等があったが、日本の社会福祉研究は伝統的に社会政策に負っていた[6]。

　以上のような指摘のなかでなお、大正後半期には、欧米の動向を直接知ることのできる人々によるソーシャルワークの紹介・実践・研究が盛んとなった。私設社会事業が主流で、従事者教育も大学などで着手されはじめたころである。経験的な伝統に基づきながら、インターナショナルな視点も取り入れた論者には、笠井信一（『済世顧問制度の精神』）、小河滋次郎（『社会事業と方面委員制度』）、アメリカから帰朝後COS運動を伝えた矢吹慶輝、社会学者の三好豊太郎、実践的理論家の小沢一などがあげられる。

　デモクラシー風潮とともにセツルメントが盛んとなったが、日本のセツルメントは思想的運動的傾向が強く、そこでグループワークなどの方法論が誕生するわけではなかった。

（2）社会福祉制度と福祉職

　第二次世界大戦後の新憲法下で日本の社会福祉制度は生まれたのであるが、我が国の社会福祉の法律は、そこに携わる専門職の質や技術への接近が希薄であった。しかし、一方で占領期、GHQ主導による専門職育成が試みられたため、アメリカの特にケースワーク論が導入された。谷川貞夫、竹内愛二らの活躍や、啓発的一般書としては大畠たね、浅賀ふさの著作が見られる。

　制度面から見ると、在宅の生活困窮者および児童保護は行政部門に、施設サービスは主に民間部門にという役割分担がなされた。GHQの期待は行政部門におけるソーシャルワークの定着、養成制度の整備、現任者教育だったが、行政の相談機関におけるソーシャルワークの定着は実現しなかった。

　伊藤淑子の分析によれば日本の社会福祉職には英米との比較において以下のような特徴がある。

①地域住民に対して相談業務を行い、ソーシャルワークの理論と実践が育つ場となった第一次機関が日本には不在であった。機関の機能として第一次機関にあたる福祉事務所や児童相談所では、専門職原理より官僚制原理を優先した形で人事管理が行われてきた。

②大学での専門教育を受けた集団の多くは施設に職を求めた。施設における業務は必ずしも相談業務に限定されず当初は生活指導と称された。

③第二次機関における相談業務の発展領域が保健医療部門に限られた。司法、教育、産業分野での定着は極めて部分的であった。さらに、施設、行政、保健医療機関という職域によって職業上の自己イメージに差がある、という特徴も見られる。

　ソーシャルワークの資格制度、とりわけ国家資格制度となる社会福祉士や精神保健福祉士の誕生は1980年代から90年代を待つことになる。その経緯については第1章を参照していただきたい。

【学びの確認】

①社会改良運動はどのような社会的背景のなかで生まれたのでしょうか。
②ケースワークとグループワークの起源にはどのような違いがありますか。
③アメリカのソーシャルワークが依拠する科学について述べましょう。

【引用文献】
1）仲村優一『ケースワーク（第2版）』誠信書房　1970年　p.27
2）岡田藤太郎「【資料】精神医学の氾濫—1920・30年代のアメリカ・ソーシャルワーク」

（Kathleen Woodroofe "From Charity to Social Work – in England and the United States – " 1962 第6章 The Psychiatric Delugeの前半の要約）『ソーシャルワーク研究』Vol. 1 No. 4 1975年　pp.257-262

3）阿部志郎「セツルメント」仲村優一他編　『現代社会福祉事典（改訂新版）』全国社会福祉協議会　1988年　p.322

4）David Howe "An Introduction to Social Work Theory –Making Sense in Practice-" ASHGATE 2008 p.20

5）同上書　p.22

6）吉田久一「第六部 増補・現代社会福祉の諸問題 Ⅱ　日本社会福祉方法論史」『改訂増補版　現代社会事業史研究（吉田久一著作集3）』川島書店　1990年　pp.433-462

【参考文献】

Robert L. Barker "Milestones in the Development of Social Work and Social Welfare" NASW Press 1999

H.M.バートレット著、小松源助訳『社会福祉実践の共通基盤』ミネルヴァ書房　1978年

Z.ブトゥリム著、川田誉音訳『ソーシャルワークとは何か　その本質と機能』川島書店　1986年

David Howe "An Introduction to Social Work Theory –Making Sense in Practice-" ASHGATE 2008

一番ヶ瀬康子『アメリカ社会福祉発達史』光生館　1963年

伊藤淑子『社会福祉職発達史研究―米英日三カ国比較による検討』ドメス出版　1996年

小松源助・山崎美貴子・田代国次郎・松原康雄『リッチモンド　ソーシャル・ケースワーク』有斐閣　1979年

ジゼラ.コノプカ著、前田ケイ訳『ソーシャル・グループワーク　援助の過程』全国社会福祉協議会　1967年

仲村優一『ケースワーク（第2版）』誠信書房　1970年

ロバート.パールマン・アーノルド.グリン著、岡村重夫監訳『コミュニティ・オーガニゼーションと社会計画』全国社会福祉協議会　1980年

ロバート W.ロバーツ・ロバート H.ニー編、久保紘章訳『ソーシャル・ケースワークの理論　7つのアプローチとその比較Ⅰ』川島書店　1985年

ウォルター I.トラットナー著、古川孝順訳『アメリカ社会福祉の歴史』川島書店　1978年

吉田久一『改訂増補版　現代社会事業史研究（吉田久一著作集3）』川島書店　1990年

第6章 ソーシャルワーカーの概念と範囲

【学びの目標】

　社会生活上の問題に対応するソーシャルワーカーの活躍する場は、高齢者、障害児・者、子ども・子育て、生活困窮者の支援、医療、教育、労働、司法の分野と幅広い。少子高齢化、社会や地域の変容、個人の意識の変化などにより、既存の制度では対応が難しい問題も増えつつある。

　支援の分野や対象者、問題が幅広いことにより、ソーシャルワーカーの所属機関や施設種別、業務の具体的方法などもまた多様となっている。そのような現状から資格制度に関連する任用の課題も生じている。本章ではソーシャルワーカーの概念と専門職であるための条件を理解する。またソーシャルワーカーに求められる機能に加え、どのような職域でどのような業務を担っているのかを学ぶ。

①　ソーシャルワーカーが専門職として成立するための条件を理解する。

②　社会福祉士及び介護福祉士法、精神保健福祉士法とソーシャルワーク専門職のグローバル定義からソーシャルワークの独自性を理解する。

③　ソーシャルワーカーの職域を理解する。

1. ソーシャルワーカーの概念と範囲

（1）ソーシャルワーカーの概念

1）ソーシャルワーク専門職とは

　ソーシャルワークは、その援助対象、実践方法、展開される現場が非常に広範であることが特徴的である。また、領域や分野が異なるとソーシャルワーカーの実践活動も随分と違って見えることが多い。社会福祉制度の細分化と社会問題の多様化から、ソーシャルワーカーが働く場所が広がっていることも、「ソーシャルワーカーとは何を行う専門職なのか」についての社会的な認知を困難にさせている。

ソーシャルワーカーの国家資格である「社会福祉士」は、医師や弁護士のように「業務独占」の資格でなく、「名称独占」の資格である。「名称独占」とは、資格をもたない者が、「社会福祉士」という名称を使用してはならないが、社会福祉士資格をもっていなければ、「社会福祉士及び介護福祉士法」に規定された業務につけないということではない。

　そもそも、専門性とは何だろうか。『世界大百科事典』では専門家を（1）体系的な知識（学問）を長期間学ばないと就けない職業であること、（2）自己の利益追求よりはむしろ公共への奉仕を指向していることとしている。さらに、石村善助によると、プロフェッションとは、「学識（科学または高度の知識）に裏付けられ、それ自身一定の基礎理論をもった特殊な技能を、特殊な教育または訓練によって習得し、それに基づいて、不特定多数の市民の中から任意に呈示された個々の依頼者の具体的要求に応じて、具体的奉仕活動をおこない、よって社会全体の利益のために尽す職業である」[1] としている。これらから社会全体、公共への奉仕という意味合いが強いことがわかる。

　また、秋山は、専門性と専門職性、専門職制度の概念整理を行い、「専門性」を「学問・研究レベル」での概念と位置づけ、専門職性の基礎であり、「社会福祉（学）とは何か」を明確にする施策・研究のレベルとしている。そして「専門職性」を「職業のレベル」と位置づけ、社会福祉が社会において職業として成立していくための、理論の実用性や有用性を探索していくレベルの課題であるとしている[2]。ソーシャルワークの専門職性、アイデンティティについてはフレックスナー（Flexner, A.）が「ソーシャルワークは専門職か」と問いかけて以降、グリーンウッド（Greenwood, E.）、ミラーソン（Millerson, G.）らの専門職概念が有名である。これらの研究は、他の専門職とは異なった特質からソーシャルワーク専門職とは何かを検討する方法（属性モデル）であるが、秋山はそれをふまえ、社会福祉専門職が成立するために必要とされる条件として、次の6つをあげた[3]。

　①体系的な理論
　②伝達可能な技術
　③公共の関心と福祉という目的
　④専門職の組織化（専門職団体）
　⑤倫理綱領
　⑥テストか学歴に基づく社会的承認

　他方、専門職は一定の概念（条件）によって固定されるものではなく、社会の要請と自らの社会的な地位向上の欲求によって、より高度な専門職に進展していこうとする発展のプロセスととらえる方法（プロセス・モデル）があり、

その代表的なカー・ソンダース（Carr-Saunders, A.）の研究では、医師等の確立専門職（the established professions）、エンジニアや化学者などの新専門職（the new professins）、教師、看護師などの準専門職（the semi-professions）、セールスマネジャーなどの可能的専門職（the would-be professions）[4] の4つの段階に分類した。このなかではソーシャルワーカーは準専門職と位置づけられているが、準専門職概念には、専門教育の年限が低いことや生死へ直接関わることが少ないことなどがある[5]。

　しかしながら、このような分類からソーシャルワーカーが医師などの他の専門職より劣っているというように、単純に比較することはできないと考える。それぞれの専門職にはその独自の職域や機能の特性がある。また専門職のあり方や教育訓練の過程などは国や地域の事情にも大きく影響を受けるからである。

　ソーシャルワーカーが、社会に専門職としてより広く、かつ正しく認められていくためには、ソーシャルワークの価値と倫理に基づいた実践を遂行していくことが重要である。

2）ソーシャルワーカーのわが国の法的位置づけ―生活者としての理解と個人と環境への関心―

　日本ソーシャルワーカー連盟（JFSW）[*1]は、ソーシャルワーカーデー宣言（宣言日2009年7月20日）のなかで、ソーシャルワーカーについて以下のように述べている。

> 　ソーシャルワークとは、基本的人権の尊重と社会正義に基づき、福祉に関する専門的知識と技術を用いて、生活上の困難や悩みをかかえる人に寄り添い、その人と共にその困難や悩みの解決を図り、一人ひとりの幸福と自立した生活を支援することです。そして、このような支援を行う社会福祉専門職のことをソーシャルワーカーと呼び、わが国ではソーシャルワーカーの国家資格として社会福祉士と精神保健福祉士が定められています。

　この宣言から、ソーシャルワーカーが基本的人権と社会正義を尊重すること、福祉に関する専門的な知識と技術が必要なこと、生活上の困難と悩みを抱える人を支援の対象とすることがわかる。

　「社会福祉士」は日本におけるソーシャルワーカーの国家資格であり、1987（昭和62）年に制定された「社会福祉士及び介護福祉士法」で位置づけられている[*2]。

　「社会福祉士及び介護福祉士法」において、社会福祉士とは「専門的知識及

*1　会員団体は、「公益社団法人日本社会福祉士会」「公益社団法人日本精神保健福祉士協会」「公益社団法人日本医療社会福祉協会」「特定非営利活動法人日本ソーシャルワーカー協会」で構成されている。

*2　2007（平成19）年に社会福祉士及び介護福祉士法の一部が改正された。

び技術をもって、身体上もしくは精神上の障害があること、または環境上の理由により日常生活を営むのに支障がある者の福祉に関する相談に応じ、助言、指導、福祉サービスを提供する者又は医師その他の保健医療サービスを提供する者その他の関係者との連携及び調整その他の援助を行うことを業とする者をいう」と規定されている。

　ここでは社会福祉士は、日常生活上の問題について援助を行うこと、つまり、「生活者」として人々を理解し、彼らが社会生活を営むなかで起こるさまざまな問題を支援することが読み取れる。我々は自分一人で日常の生活を完結することは通常難しく、さまざまな人や環境と繋がりをもちながら生きている。環境とは、例えば、学校、職場、社会の法制度のようなしくみ、社会福祉サービス等を提供している事業所やそこで働く専門職などである。このような人々と取り結ぶつながりを社会関係という。そして、ソーシャルワーカーは問題を抱えた個人の支援において、その問題の原因や責任がその人にあるという考え方や、反対に周囲の人々や環境のみが原因であるという一面的なとらえ方をしない。その人と家族、その人と学校との関係など、その人を取り巻く周囲の環境との相互作用に問題が生じていると考え、個人と環境との接点に働きかけを行う。

(2) ソーシャルワーク専門職のグローバル定義におけるソーシャルワーク専門職の任務―社会に働きかけ、人々と社会のつながりを取り結ぶ―

＊3　2014年7月の国際ソーシャルワーカー連盟（IFSW）総会、および国際ソーシャルワーク学校連盟総会において採択された。日本では、日本社会福祉教育学校連盟（学校連盟）と社会福祉専門職団体協議会（日本ソーシャルワーカー協会、日本社会福祉士会、日本医療社会福祉協会、日本精神保健福祉士協会）とが共同で日本語訳を示している。

　「ソーシャルワーク専門職のグローバル定義」＊3とその注釈をふまえながら、ソーシャルワーカー（ソーシャルワーク専門職）の役割と社会での機能を理解する。

　　ソーシャルワークは、社会変革と社会開発、社会的結束、および人々のエンパワメントと解放を促進する、実践に基づいた専門職であり学問である。社会正義、人権、集団的責任、および多様性尊重の諸原理は、ソーシャルワークの中核をなす。
　　ソーシャルワークの理論、社会科学、人文学、および地域・民族固有の知を基盤として、ソーシャルワークは、生活課題に取り組みウェルビーイングを高めるよう、人々やさまざまな構造に働きかける。この定義は、各国および世界の各地域で展開してもよい。

　グローバル定義の注釈では、ソーシャルワーカーの中核となる任務として社会変革・社会開発・社会的結束の促進、および人々のエンパワメントと解放であり、社会的排除の状態に陥っている人々をその社会的構造から解放し、社会的結束を促進するべく努力するとされている。世界に目を向けると経済的格差と深刻な貧困問題、人種宗教・ジェンダー・障害・文化・性的指向などに基づくさまざまな不平等、差別、搾取、抑圧などが存在する。このような社会の構造的な原因に対して変革を求め、働きかけていく。社会的結束についてはさまざまな定義やアプローチが混在している[6]が、社会的結束が希薄な状態のコミュニティや社会、国がどういったものかといえば、貧困など社会的排除が問題となり、社会移動（たとえば、学歴や出自に関係なく社会的に成功すること）が困難で、人々の間に不信感が高まり、人と人とのつながりが疎くなり帰属するグループもなく孤立する人が増え、社会不安が広がっている状態[7]といえる。

　社会的排除とは、「物質的・金銭的欠如のみならず、居住、教育、保健、社会サービス、就労などの多次元の領域において個人が排除され、社会的交流や社会参加さえも阻まれ、徐々に社会の周縁に追いやられていくこと[8]」を指す。

　社会的排除の要因としては、本人や家族の心身の疾病・障害、ひとり親家庭、貧困、家庭内暴力、親からの早すぎる分離、学校でのいじめや不登校、ひきこもり、リストラや不安定就労・頻繁な転職、人間関係上の問題、劣悪な労働環境などがある。実際にはこのような問題が単一で起こるのではなく、一つの事情が別の問題を引き起こしたり、複数の問題を同時にいくつも抱えることが多い。例えば、ひとり親家庭で収入が少ない場合では、単に経済的に困っているだけが問題ではない。お金がないことでスマートフォンがもてない、あるいは慶弔の付き合いができないということから友人、血縁との交流が希薄にならざるを得なくなる。そのため、知人や血縁の間で生じる自然発生的なサポートを受けることができなくなり、困りごとが起きても助けを得ることも相談することもできなくなるのである。ソーシャルワーカーはこのような人々が再び社会的な関係性を取り戻したり、時には新たに生み出すよう働きかける。

　エンパワメントとは、クライエントが生活の主体者として自己主張や自己決定に基づき、自分の生活を自分でコントロールし、生活上の問題解決や改善に向けて、意欲的に生きていこうとするパワー（個人レベル、対人レベル、組織的なレベル、社会政治的なレベルまで）を増大させることを目的とした支援プロセス[9]のことである。不平等や抑圧を繰り返し経験し、社会的排除の状態にある人々は、自ら支援を求めようとすることや、やればできると感じることができなくなり、無力化に陥る。これをパワーレス（パワーの欠如）状態という。一方、人々が有する強み、可能性、さまざまな能力をストレングスという。

ソーシャルワーカーは、問題を抱えた人々と周囲の環境に潜在的にあるストレングスを活かし、パワーレスな状態に陥っている人が自らの力で問題を解決し人としての尊厳を取り戻すことができるように支援をする。

（3）ソーシャルワークの範囲とこれからのソーシャルワーカーに求められる機能

ソーシャルワークの範囲は非常に広範にわたる。生活保護法、児童福祉法、母子及び父子並びに寡婦福祉法、老人福祉法、身体障害者福祉法、知的障害者福祉法のいわゆる福祉六法に関連する各分野の機関や施設に加え、医療分野、司法分野、教育分野においてもソーシャルワーク実践が広がっている。また、それぞれの分野で対応する問題もさらに多様化・複雑化している。自殺防止対策、虐待防止対策、成年後見制度の利用支援、矯正施設退所者の地域定着支援、依存症対策、社会的孤立や排除への対応、災害時の支援、多文化共生など、社会のなかでソーシャルワークの機能が求められるニーズも幅広い（図1－1参照）。

ここ数年のわが国の動向をふり返ると、社会の多様なニーズに対応するための新たな役割と機能がソーシャルワーカーには求められている。2015（平成27）年の「新たな時代に対応した福祉の提供ビジョン」において、さまざまなニーズに対応する新しい地域包括支援体制の構築とサービスを効果的・効率的に提供するための生産性向上、新しい福祉サービスの提供体制を担う人材の育成・確保が示された。さらに、2016（平成28）年の「ニッポン一億総活躍プラン」（閣議決定）では「地域共生社会」が今後の福祉改革の柱として位置づけられ、従来の分野別・対象別のサービスや支援から地域住民の主体的参加による横断的、包括的取組みが明確に示されている。

地域共生社会の実現に向けては、複合化・複雑化した課題を受け止める多機関の協働による包括的な相談支援体制と地域住民等が主体的に地域課題を把握して解決を試みる体制の構築を進めていくことが求められており、そのなかでソーシャルワークの機能が重視されている。

ソーシャルワークの機能としては、権利擁護・代弁、エンパワメント、支持・援助、仲介・調整・組織化、社会資源開発・社会開発などがあるが、さらに具体的には、次のようなことがある。

これらのソーシャルワークの機能を発揮できるよう、今後、ますます実践力のあるソーシャルワーカーが求められるであろう。

・地域において支援が必要な個人や世帯及び表出されていないニーズの発見
・地域全体で解決が求められている課題の発見
・相談者が抱える課題を包括的に理解するための社会的・心理的・身体的・経済的・文化的側面のアセスメント
・相談者個人、世帯並びに個人と世帯を取り巻く集団や地域のアセスメント
・アセスメントを踏まえた課題解決やニーズの充足及び適切な社会資源への仲介・調整
・必要なサービスや社会資源が存在しない又は機能しない場合における新たな社会資源の開発と施策の改善の提案
・地域特性、社会資源、地域住民の意識等を把握するための地域アセスメント及び評価
・相談者の権利を擁護し、意思を尊重する支援や方法等の整備
・ソーシャルワーカー自身が地域社会の一員であるということの意識化と実践化
・地域住民のエンパワメント（住民が自身の強みや力に気づき、発揮することへの支援）

注　社会保障審議会福祉部会福祉人材確保専門委員会「ソーシャルワーク専門職である社会福祉士に求められる役割等について」2018年から著者が一部抜粋

2. ソーシャルワーカーの職域

　2019（平成31）年の総務省労働力調査では医療・福祉従事者は約843万人を占めている。社会福祉士の就労先としては、高齢者福祉関係が最も高く43.7％、次いで障害福祉関係17.3％、医療関係14.7％、地域福祉関係7.4％、児童・母子福祉関係4.8％、行政相談所3.4％となっている[10]。ここでは、ソーシャルワーカーの職域を大きく福祉分野と医療、教育等の福祉以外の分野に大別し、それぞれにおけるソーシャルワーカーの仕事の特徴を説明する。

（1）福祉分野の職域

1）行政・政策分野

　行政に関する代表的な職種としては福祉事務所の職員がある。福祉事務所は、都道府県と市に設置され、福祉六法に定める援護、育成または更生の措置に関する事務を行っている。福祉事務所では、査察指導員やケースワーカー（面接相談員、地区担当現業員）等が配置されており、寝たきりや認知症で介護が必要な高齢者や障害者、児童、ひとり親、貧困や低所得者に対しての対応を行っている。具体的には、相談に来所した人の面接や家庭訪問をして、生活に困り

ごとを抱えている人の状況を調査し、保護措置が必要かどうかの判断、生活指導などを行っている。

　児童福祉行政に関わる機関としては児童相談所がある。児童相談所では、18歳未満の児童に関する相談を受け、必要な調査や医学的、心理学的、その他の判定を行う。また、児童や保護者への指導や、一時保護も行っている。対応する問題の多くは保護者からの虐待、非行、不登校などである。児童相談所では、児童福祉司や相談員などが配置されている。

　福祉職として公務員採用試験がある場合、社会福祉士の取得を条件としている自治体や一般行政職において積極的に社会福祉士資格を有している職員を活用している自治体もある。地域の特性を理解し、地域に密着した地方行政政策や計画を策定し、地域福祉の基盤を支える職員として期待されている。

2）社会福祉施設や機関のソーシャルワーカー

　ソーシャルワーカーの多くが、社会福祉にかかわる法令に基づいた施設や機関で働いている。高齢者福祉に関連する施設としては特別養護老人ホームなどの入所生活施設、通所のデイサービス事業などがある。増加する認知症高齢者への支援が喫緊の課題となっている。

　児童福祉に関連する施設としては児童養護施設、児童自立支援施設、母子生活支援施設などがある。これらの施設で従事している専門職には、児童相談員、児童自立支援専門員などがある。支援対象は0 ～ 18歳の子どもであり、その年齢や成長に応じて適切な対応の方法も大きく異なる。また教育学や心理学等の知識も求められる。児童虐待が増加しているなかで、複雑な家庭背景とそれらを生み出す社会問題への理解、親や学校、児童相談所などとの多様な連携が必要となる。

　障害福祉に関連する施設や機関としては、主に入所支援を行う障害者支援施設や通所での地域活動支援センター、就労継続支援事業所、障害者相談支援事業所などがある。障害者の生活に関わる相談や身体機能・生活能力の向上に向けた支援などを行うサービス管理責任者、生活支援員、相談支援専門員といった職種がいる。

　生活保護に関連する施設としては、救護施設、更生施設がある。生活指導員、作業指導員などが置かれ、要保護者のため就労や技能の習得の機会の提供、介護を含む生活支援、相談援助などを行っている。

3）地域福祉分野

　各種の法制度と福祉サービスなどの公的支援が整えられている一方、ソー

シャルワークの支援のニーズがあるにもかかわらず、このような制度やサービスでは対応が難しい生活問題を抱えている人々は地域に少なからず存在している。また、自らは生活に生じている問題に気づいていない人や困りごとがあるにもかかわらず声を上げることができない人もいる。このような地域住民の問題を解決したり、予防するようなしくみ作りや働きかけが地域福祉であり、その実践を行っているのが主に社会福祉協議会にいるコミュニティソーシャルワーカーである。

　具体的には、住民に身近な取り組みとしてのボランティア組織、サロン事業等の実施をバックアップし、地域住民の相談窓口となり、福祉サービスの事業所、民生委員などの地域の機関との課題共有や連携を行う。住民が主体的に地域の問題の解決に取り組むことができるよう、地域住民と足並みを揃え根気強く支援を行うことも特徴である。

（2）医療関係分野

　福祉分野以外でのソーシャルワーカーが活躍する場の一つとして保健医療機関がある。保健医療分野で働くソーシャルワーカーを医療ソーシャルワーカー（MSW：Medical Social Worker）という。わが国では、近代以降古くからソーシャルワーカーが活躍してきた領域である。

　医療ソーシャルワーカーは、患者やその家族が、疾病から生じる経済的・心理的・社会的問題について、社会福祉の立場から解決、調整を援助し、社会復帰の促進を行う。具体的には、医療ソーシャルワーカー業務指針（平成14年厚生労働省健康局長通知）においては、疾病から生じる心理的問題、疾病と生活との関連における社会的問題への援助、入院や退院に関わる援助、復職や復学などの社会復帰援助、医療費や生活費などの経済的問題の援助、地域の関係機関、関係職種と連携し、地域の保健医療福祉システムづくりに関わる地域活動などがあげられている。支援においては主に、医師、看護師、理学療法士、作業療法士、言語聴覚士、薬剤師、管理栄養士などの専門職と連携を行い、チーム医療の一員として支援を行う。

　国民医療費の増大を背景に、入退院の支援に対して診療報酬において退院調整加算等の算定が可能となった。これらの加算においては退院調整に関する経験を有する専従の看護師または社会福祉士が配置されていることといった条件が定められている。ほかに、回復期リハビリテーション病棟での退院に向けた支援、がん患者の療養と就労の支援などの加算もあり、ソーシャルワーカーの業務が診療報酬制度上で点数化されてきている。このような動きは医療機関に

おける社会福祉士の配置、採用につながっている。2015（平成27）年の医療ソーシャルワーカーの社会福祉士取得状況は91％となっている[11] ことからもわかるように、社会福祉士取得率が非常に多いのが医療機関におけるソーシャルワーカーの特徴でもある。

（3）教育関係分野

　学校で活躍するソーシャルワーク専門職として、スクールソーシャルワーカーがある。いじめ、不登校、暴力行為、非行などの問題行動の背景には心の問題とともに家庭や学校、友人、地域社会など、児童生徒を取り巻く環境の問題が複合的に存在しており、学校だけでは解決困難なケースが多くある。子どもたちに関連する問題の背景には、家庭に関連することとしては、家族関係が良くないこと、経済的問題、家族の病気や飲酒、祖父母や障害のある兄弟の介護が必要であることなどがあるだろう。学校においては、友人関係がうまくいっていない、勉強についていけない、教師とのコミュニケーションの問題などもある。子ども自身に発達障害などがあるケースも考えられる。さらに、このような問題を抱えている子どもの存在を地域で気づき、支える機能が低下しているという側面もある。子どもたちの問題と環境の問題は密接な関係をもっており、子どもの問題行動だけに焦点を当てても解決には至らない。

　そのため文部科学省は2008（平成20）年からスクールソーシャルワーカー事業を開始した。スクールソーシャルワーカーは、子どもや家族からの相談に応じ、家庭訪問などを行い、背景にある問題を明確にする。その上で、教員との問題の共有、子どもの訴えの橋渡しや解決方法の検討を行う。問題解決においては保護者、児童相談所や医療ソーシャルワーカー、医療機関、警察署、保健所などの関連する機関との連携を行う。スクールソーシャルワーカーには、社会福祉士や精神保健福祉士等の資格を有する者のほか、教育と福祉の両面に関して、専門的な知識・技術を有するとともに、過去に教育や福祉の分野において活動経験の実績等がある者などが求められている。

　また2015（平成27）年に中央教育審議会は「チーム学校」という、教員等に加え、地域とも連携しながら多様な職種の専門性を発揮し、チームとしての総合力、教育力を最大化できるような体制を構築することをめざしている。スクールソーシャルワーカーは、学校チームの形成を促し、問題をアセスメントし、保護者と教員をつなぐ等の役割などソーシャルワークの固有の機能を発揮することが期待されている。

（4）司法関係分野

　司法ソーシャルワークとは、自ら法的援助を求めることが難しい高齢者、障害者等に対して、法的問題については弁護士等、福祉的問題点については福祉専門職が連携して行う包括的な支援のことである。

　法律の知識が十分でないことや、認知症、障害等によって法的に解決が必要な困りごとを抱えていても、それを本人では解決できないということが少なからず生じている。例えば、家族が亡くなった精神障害者の入院費を含めた財産の管理を家族の知人が行っていたのだが、いつの間にか入院費の支払いが滞り、確認すると通帳から残額がなくなっていたという例もある。あるいは近隣や家族との繋がりが薄い一人暮らしの高齢者が詐欺被害に遭った事件は、ニュースでもたびたび耳にする。しかしながらこういった被害者の多くは「自ら」問題を訴えたり相談に来ることは少ない。問題が生じてもどこに相談したら良いのか分からないこともあれば、そもそも自分では問題だと認識していないこともある。このような人々に対して司法と福祉、時には行政とも連携して、問題を抱えている人々へ積極的にアウトリーチし、働きかけていくことが大きな特徴である。

　一方、罪に問われている障害者などに捜査・公判から関わる「入口支援」もある。弁護士との情報共有、拘留中の接見、関係機関や福祉サービスの調整、更生支援計画書の作成、公判での情状証言、地域へのつなぎなどを行う。

　また、矯正施設に収容されている高齢者や障害者のうち、釈放後に福祉サービスを必要としているものの行き場がない等で福祉サービスを受けることが困難な人も多い。そのような人々に対し、地域生活定着支援センターでは保護観察所や関連機関と協働して社会復帰に向けて働きかけており、社会福祉士、精神保健福祉士等を1名以上配置すると規定されている。

　その他、保護観察所の社会復帰調整官や刑務所の福祉専門官も精神保健福祉士あるいは社会福祉士の資格が必要とされている。

　司法と福祉が連携する必要性と司法ソーシャルワーカーの役割は今後さらに重要視されると考えられる。

（5）独立型社会福祉士事務所

　独立型社会福祉士とは、地域を基盤とした独立した立場で、高い専門性に基づき、クライエントとの契約に従って相談援助を行い、その対価として報酬を得るソーシャルワーカーである。独立型社会福祉士の多くが、既存の福祉施設

や行政・医療機関などでソーシャルワーカーとして勤務した経験を持ち、そこで培った経験を活かし、個人で経営する社会福祉士事務所や株式会社、NPO法人などを運営する形態でさまざまな活動を行っている。ソーシャルワーカーは一般的に、所属する組織の一員として期待される役割や組織の理念や目的に業務が制限される部分があるが、独立型社会福祉士はそのような組織における役割に制限されずに、より地域に根差した活動やクライエント主体の援助を行うことができるという特徴がある。

独立型社会福祉士の業務は非常に多様であり、生活上の問題を抱えている本人や家族からの個別な相談に応じるだけでなく、行政の委託を受けて介護保険の認定調査やケアプランの作成、知的障害者や精神障害者の成年後見人等の受任も行う。さらに、福祉サービスの第三者評価、当事者組織の支援なども行っている。

既存の制度では支援ができなかったような課題や見えにくいニーズ、社会の変化によって新たに生じた問題を発見し、柔軟に即応力を活かして対応することが独立型社会福祉士の特徴であり、強みでもある。地域の既存のフォーマル、インフォーマルな組織との連携をもとにして、地域住民の間のつながりを深め、新たに構築する役割が期待されている。

ソーシャルワーカーの職域を各分野に分けて概観してきた。ソーシャルワーカーの課題の一つに、社会福祉士、精神保健福祉士の国家資格を有することが任用要件であり、必置規定をされていない機関、施設が非常に多いことである。他方、現代社会における生活にかかわる問題は多様化、深刻化しており、ソーシャルワーク支援が必要な人々も増えている。例えば、8050問題から見えるように介護、就労、精神疾患、経済的問題等の問題が絡み合っており、縦割りの制度や分野を超えた支援が必要とされている。このような問題に対し、多職種をコーディネートし、マネジメント機能を担い、時には自ら社会資源を創出するソーシャルワーカーの役割はますます重要になると考えられる。

3. 諸外国のソーシャルワーカーの動向

(1) アメリカ

アメリカのソーシャルワーカー専門教育は1898年のニューヨーク慈善組織協会がCOSの友愛訪問員を対象に開催した講習会に端を発し、その後、修士

（Master of Social Work: MSW）教育へと発展した。また、1970年代には当時
のソーシャルワーカーの不足に対応するために学士（Bachelor of Social Work:
BSW）課程が教育システムに加えられることとなった。渋沢田らによると、
アメリカの専門教育においては、近年、能力、すなわちコンピテンシー
（competency）の体得が強調されており、ソーシャルワーク教育協議会（Council
on Social Work Education）も2008年から教育内容を重視したカリキュラム・
デザインから学習成果を重視するコンピテンシーの概念を用いるようになった
[12]。

　資格制度としては州政府によって認定されるが、学士レベルのCertified
Social Worker（CSW）、修士レベルのLicensed Master Social Worker（LMSW）、
一定の臨床での実務訓練を受けたLicensed Clinical Social Worker（LCSW）
がある。州によって任用も現状も多様であるが、LMSWとLCSWが多くの場合、
研修受講による資格免許の更新を義務づけられている。

　アメリカの社会政策においては、1980年代以降、福祉予算が大幅に削減され、
民間の福祉組織による援助が進められてきた。アメリカの社会福祉関連の支
出は1960年にはGNPの8％だったが、1974年には16％になり[13]、その大きな
原因は所得保障制度である要扶養児童家庭扶助（Aid to Families with
Dependent Children: AFDC）の支出の増加であるとされた。AFDCは、親の
不在、死亡、障害、失業によって十分な養育を受けられない18歳未満の貧困児
童のいる世帯の援助を目的とする現金扶助制度で、受給者の大部分は母子家庭
であり[14]、受給者の約半数を黒人が占めていたことから、AFDCの受給者数を
削減するさまざまな取り組みがなされてきた。1996年に「個人責任及び就労機
会調整法」（Personal Responsibility and Work Opportunity Reconciliation
Act of 1996）が施行されて以降、さらに連邦政府による福祉政策が抑制され
たものとなったことにある。

　アメリカには日本のような公的医療保険制度はなく、高齢者や障害者を対象
としたメディケア、低所得者を対象としたメディケイドという医療扶助制度以
外の一般の人々の医療保障は民間の医療保険に委ねられている。メディケアに
は厳しい給付制限があったこともあり大量の無保険者が存在している。2010年
のオバマ医療改革法（The Patient Protection and Affordable Care Act: ACA
法）の成立によって無保険者数の一定の減少は見られたものの、トランプ政権
による医療制度改革によって根本的解決とはなっていない。このような現状に
対し、州や地方の郡・市などが設立した病院や地域住民へ包括的プライマリケ
アを提供するコミュニティ・ヘルスセンターが地域の貧困者、無保険者への医
療サービスを提供する重要な役割を担っている。

アメリカの社会福祉は連邦政府から州や地方政府、さらに民間の機関が担う部分が今後さらに大きくなると考えられる。また、アメリカの社会福祉に関わる問題は人種、民族、性別、移民といったマイノリティと深く関連しており、ソーシャルワーカーは社会のなかで抑圧されている人々へのソーシャルアクションが求められている。

（2）イギリス

　イギリスは、「社会保障および関連諸サービス」（ベヴァリッジ報告：1942年）に基づいて第二次大戦後、国民保健サービスなどの社会保障制度の基礎を築いてきた。1968年には「地方自治体と関連する対人福祉サービスに関する委員会報告書」（シーボーム報告）による社会福祉制度の改革を打ち出した。川村は、シーボーム報告及びそれを受けた地方自治体社会サービス法の制定などに至る一連のシーボーム改革は、それまでの児童部局と福祉部局を統合してソーシャルサービス部を確立しイギリスにおけるGeneric Social Workを確立したこと、イギリスのコミュニティ政策は実質ここからはじまったともいえること、コミュニティケアの供給主体を中央政府から地方自治体に移行し、中心的役割を担うソーシャルワーカーの基盤整備を質的量的に確立しようとしたと評価できないだろうかと指摘している[15]。

　1988年の「コミュニティケア―行動への指針」（グリフィス報告：Community Care: Agenda for Action）では、政府がコミュニティケア政策の推進について責任をもつことが記された。また、施設から住み慣れた地域や在宅などでのコミュニティサービスへの転換を図って1990年には「国民保健サービス（NHS）及びコミュニティケア法」が制定され、施設サービス、在宅サービスのいずれにおいても民営化が進められた。この流れのなかでイギリスにおける地方自治体はサービスを提供する側から、住民が適切なサービスを受けられるよう整備する側となり、ケアサービス（介護・福祉サービス）の質の向上が、社会政策分野における主要な政策課題[16]となったことを背景に2000年に、「ケア基準法」（Care Standards Act 2000）が制定され、ソーシャルワーカーの資格にかかわる環境が大きく変化した。同法のなかでは、ソーシャルケア従事者を登録し研修等を行う統一的な機関として、ソーシャルケア総合委員会（General Social Care Council: GSCC）の設置を義務づけた。2003年からはこの委員会の一定のコース・研修を終了し、適性等の要件を満たしてソーシャルケア従事者として登録しなければならなくなった。さらに2005年からは、この登録をしなければソーシャルワーカーの名称を用いることはできなくなり、そ

の後も登録更新と継続的能力・職能開発が求められるようになった。また、ソーシャルケア従事者及び使用者が従うべき「ソーシャルケアワーカーのための行動規範及びソーシャルケアワーカーの雇用主のための行動規範」も策定された。加えて、従来高校卒業後2年の課程で認められていたソーシャルワーカーの養成が2003年から大学の3年課程の学部または2年課程の大学院で行われることとなり、ソーシャルワーカーの養成課程に入学したすべての大学生・大学院生はGSCCに登録しなければならなくなった[17]。このように、イギリスでの名称独占としての資格はGSCCでの研修と認定を受けたソーシャルワーカーだけとなっている。

（3）アジア

　経済のグローバル化が進み、国家間、地域間での経済格差は深刻な問題となっている。貧困を定義するための国際貧困ライン（1日1.90ドル。2015年に1日1.25ドルから改定）というものがあるが、国連開発計画（UNDP）のデータ[18]によると、所得面だけでなく、複数の側面で同時に経験する貧困を表す多次元貧困指数（MPI）では、世界各地の開発途上地域のなかでも特にサハラ以南アフリカと南アジアでMPI貧困層は深刻な広がりを見せている。南アジアのMPI貧困層は5億4,600万人（人口の31%）で、うち2億人（37%）が深刻な貧困を抱えており、さらに、MPI貧困層13億人のうち、ほぼ半数（計6億6,300万人）は子どもであり、貧困率も成人の2倍に上る。南アジアでの子どもの貧困では、家庭内の格差やジェンダー格差があることも指摘されている。

　アジアの経済格差問題は児童労働と児童・女性の人身取引などの問題にもつながる。ILO（国際労働機関）では、就業の最低年齢を条約において、最低年齢は義務教育終了年齢後、原則15歳としており、最悪の形態の児童労働に関する条約では、18歳未満の児童による人身売買、強制労働、奴隷労働、売春、薬物の生産・取引、児童の健康、安全、道徳を害するおそれのある労働の禁止と撤廃と求めている[19]。しかしながら、児童労働はアジアの途上国のすべてで見られるといわれ、また児童・女性への性的虐待や性的搾取は南アジアで頻発している[20]。

　人身取引は、搾取の目的で暴力その他の形態の強制力による脅迫、誘拐、詐欺、金銭若しくは利益の授受の手段を用いて人を獲得し、輸送し、引き渡し、蔵匿し、又は収受することをいう[21]。人身取引が行われる原因としては貧困、失業、就労機会の喪失、児童・女性のジェンダーへの人権侵害などがある。人身取引の犠牲者の出身地は、タイ、ベトナム、ミャンマー、ラオス、カンボジ

ア、中国雲南省などメコン地域に代表される東南アジアやインド・パキスタンなどの南アジアの地域が多い[22]。

このような問題に対し、国際ソーシャルワーカー連盟（IFSW）は、国際方針文書で性的搾取や人身取引に対応できるソーシャルワーカーの育成を取り上げたり、児童の性的虐待に関する国際方針文書を採択している。

アジア太平洋地域やサブサハラ（サハラ砂漠以南）アフリカ地域などを中心とした世界の深刻な貧困とそこから派生した問題への支援を考えると、社会開発、ソーシャルアクションが重要となる。原島博は、既存の救済型、生活扶助型アプローチを超越する社会的支援を実現するソーシャルワーク・アプローチとして開発型ソーシャルワークを紹介している。他方で、ソーシャルワーカーが経済その他の社会資源を活用し、所得を創出し社会開発を促すコミュニティアクションが成功している例もあるものの、世界的に見てもそのためにソーシャルワーカーが雇用されてきたわけではなく、アジアの地域ではソーシャルワーク教育を受けた専門職が少ないことを指摘している[23]。

アジア地域のソーシャルワーク実践はグローバル定義に掲げられている社会正義、人権、多様性の尊重のうえに、民族固有の知を活かしながら社会開発やさまざまな構造的障壁に働きかけることが必要となっている。

【学びの確認】

①ソーシャルワーカーが専門職として成立するためにはどのような条件が必要となるでしょうか。

②ソーシャルワークの独自性にはどのようなものがあるでしょうか。「社会福祉士及び介護福祉士法」やソーシャルワーク専門職のグローバル定義から具体的に考えてみましょう。

③世界のソーシャルワークの動向を整理して、わが国のソーシャルワークと世界のソーシャルワークの地域的な課題を考えてみましょう。

【引用文献】

1）石村善助『現代のプロフェッション』至誠堂　1969年　p.25-26
2）秋山智久『社会福祉専門職の研究』ミネルヴァ書房　2007年　p.115
3）前掲書2）　p.89
4）前掲書2）　pp.90-91
5）前掲書2）　p.103
6）片岡信之「ソーシャルワークのグローバル定義における新概念と翻訳の問題」『ソーシャルワーク研究』41（2）2015年　pp.146-152
7）三島亜紀子『社会福祉学は「社会」をどう捉えてきたのか──ソーシャルワークのグロー

　　バル定義における専門職像』勁草書房　2017年　p.113

8）社会的排除リスク調査チーム、内閣官房社会的包摂推進室／内閣府政策統括官（経済
　　社会システム担当）「社会的排除にいたるプロセス～若年ケース・スタディから見る排
　　除の過程～」2012年

9）津田耕一『利用者支援の実践研究─福祉職員の実践力向上を目指して─』久美出版
　　2008年　p.81

10）社会保障審議会福祉部会　福祉人材確保専門委員会「ソーシャルワーク専門職である
　　社会福祉士に求められる役割等について」2018年

11）公益社団法人　日本医療社会福祉協会ホームページ「医療ソーシャルワーカーとは
　　社会福祉士資格取得状況」

12）渋沢田鶴子・清水レイ「アメリカのソーシャルワークとその担い手たち」後藤玲子他
　　編『新　世界の社会福祉6　アメリカ合衆国・カナダ』旬報社　2019年　pp.88-89

13）佐藤千登勢「アメリカの社会福祉と人種・エスニシティ、市民権」後藤玲子他編『新
　　　世界の社会福祉6　アメリカ合衆国・カナダ』旬報社　2019年　p.106

14）尾澤恵「米国における96年福祉改革とその後（特集　米国80年代以降の諸改革─日本
　　の構造改革への示唆）」『レファレンス』国立国会図書館調査及び立法考査局　53（12）
　　2003年　pp.72-87

15）川村博文「コミュニティケア思想に関する考察─その思想とソーシャルワーカーの位
　　置づけを視点に─」『聖徳大学研究紀要』24　2013年　pp.85-90

16）岩間大和子「イギリスにおける介護・福祉サービスの質保障のための政策の展開─
　　2000年、2003年の監査システムの改革の意義─」『レファレンス』国立国会図書館調
　　査及び立法考査局　55（10）2005年　pp.6 -37

17）熊谷忠和・井上信次・T.クレミンソン「医療ソーシャルワーカーの教育養成に関する日・
　　米・英の比較研究─その全体像と展開─」『川崎医療福祉学会誌』20（2）2011年
　　pp.437-446

18）国連開発計画（UNDP）駐日代表事務所ホームページ　「多次元貧困指数（MPI）2018
　　年」

19）国際労働機関（ILO）「児童労働に関する国際条約」ホームページから一部改変

20）平田美智子「アジアの児童・女性の人権とソーシャルワーク─児童労働と人身取引に
　　対する挑戦─」『ソーシャルワーク研究』41（3）2015年　pp.228-237

21）外務省「国際的な組織犯罪の防止に関する国際連合条約を補足する人（特に女性及び
　　児童）の取引を防止し、抑止し及び処罰するための議定書」和文テキスト（訳文）一
　　部改変

22）前掲書20）

23）原島博「アジアのソーシャルワークと社会開発の展開と課題」『ソーシャルワーク研究』
　　41（3）2015年　pp.199-206

【参考文献】
　井村圭壯・今井慶宗編『社会福祉の基本体系　第5版』勁草書房　2019年
　宮本節子『ソーシャルワーカーという仕事』筑摩書房　2013年
　鶴幸一郎・藤田孝典・石川久展・高端正幸『福祉は誰のために─ソーシャルワークの未

来図—』へるす出版　2019年

秋元樹「あなたは世界定義を受け入れられるか？—「専門職ソーシャルワークでないソーシャルワーク」を例に」『ソーシャルワーク研究』41（3）2015年　pp.187-198

第**7**章 | 福祉行政機関と民間施設・組織におけるソーシャルワーカー

【学びの目標】

　1990年代の社会福祉基礎構造改革では「措置から契約へ」「市町村を中心とした社会福祉行政の展開」に移行し、高齢者福祉領域や障害者福祉領域の福祉サービスが、措置制度による支援から介護保険制度や障害者自立支援制度となり、所管も都道府県から市町村に移譲された。これらの制度変更により現在では福祉行政機関が直接ソーシャルワークを担う機会は減ったが、福祉事務所や児童相談所などにはソーシャルワーカーが配置され住民へ福祉サービスを提供している。

　そこで、本章の第1節では福祉行政機関の概要と、そこに所属するソーシャルワーカーの業務について学ぶ。

　第2節では、社会福祉領域のみならず、医療・保健、介護、教育などといった多様な領域で活躍しているソーシャルワーカーについて、代表的な民間施設・組織のソーシャルワーカーの役割や活動内容を理解する。

①　福祉行政機関の業務とソーシャルワーカーの役割を理解する。
②　福祉行政機関で働くソーシャルワーカーの課題について考察する。
③　民間施設・組織における主なソーシャルワーカーの役割や活動内容を理解する。
④　民間施設・組織で働くソーシャルワーカーの課題について考察する。

1. 福祉行政機関におけるソーシャルワーカー

（1）福祉事務所

1）市・特別区の設置する福祉事務所―市部福祉事務所

　社会福祉法第14条第1項の規定により、市と特別区（東京23区）には福祉事務所が義務設置となっている。その業務は同条第6項に、「生活保護法・児童福祉法・母子及び父子並びに寡婦福祉法・老人福祉法・身体障害者福祉法・知

的障害者福祉法」といった社会福祉六法に関する事務と規定されているが、他に介護保険法に関する事務、精神障害者へのソーシャルワークや売春防止法に基づく女性保護等の業務も担当していることが多い。

　図7－1はある市役所の組織図である。この市役所では、「社会福祉課・児童家庭課・障害者支援課・高齢者支援課の総称」が福祉事務所であると理解すればよい。

　なお、市・特別区によっては、生活保護を担当する部署のみを「福祉事務所」と位置づけたり、児童福祉や母子福祉、女性福祉を担当する部署を「家庭児童相談室」として別に設置している場合もある。

図7－1　ある市福祉事務所の組織

```
                    ┌── 社会福祉課（生活保護）
  健康福祉部        ├── 児童家庭課（児童福祉・母子福祉）
（福祉事務所）      ├── 障害者支援課（障害者福祉）
                    └── 高齢者支援課（老人福祉・介護保険）
```

2）都道府県の設置する福祉事務所（郡部福祉事務所）

　社会福祉法第14条第1項の規定により、都道府県にも福祉事務所が義務設置となっている。その業務は同条第5項に、「生活保護法・児童福祉法・母子及び父子並びに寡婦福祉法」といった社会福祉に関する三法の事務と規定されており、福祉事務所を設置していない町村の区域を担当している。

3）福祉事務所の職員の役割

　福祉事務所の所員は、表7－1の職員によって構成されている。以下にその役割を見ていく。

　現業員とは、福祉事務所において社会福祉六法に関するソーシャルワークを行っているソーシャルワーカーのことである。社会福祉法第15条第4項では、「援護、育成又は更生の措置を要する者等の家庭を訪問し、又は訪問しないで、これらの者に面接し、本人の資産、環境等を調査し、保護その他の措置の必要の有無及びその種類を判断し、本人に対し生活指導を行う等の事務をつかさどる」と規定されている。

　図7－1の市では、各課にソーシャルワーカー（現業員）が配置されているが、高齢者や障害者分野に関しては、措置制度から介護保険制度や障害者自立支援制度へ移行し、また専門機関として児童相談所や障害者更生相談所が別に

表7-1　福祉事務所の職員と職務

所員等	職　務
所長	・都道府県知事・市町村長（特別区長を含む）の指揮監督を受け、所務を掌理する
査察指導員	・所長の指揮監督を受け、現業事務の指導監督を行う（社会福祉主事であること）
現業員	・所長の指揮監督を受け、援護・育成・更生の措置を要する者等の家庭を訪問または訪問しないで、面接し、本人の資産・環境等を調査し、保護その他の措置の必要の有無およびその種類を判断し、本人に対し生活指導を行う等の事務を行う（社会福祉主事であること）
老人福祉指導主事	・老人福祉法第6条に基づき、現業員に対する指導監督を行うため査察指導員を補職する（社会福祉主事であること）
身体障害者福祉司	・身体障害者福祉法第11条の2に基づき、都道府県の身体障害者福祉司は身体障害者更生相談所に必置、市および町村の福祉事務所では任意設置 ・身体障害者福祉の業務を行う、現業員に対する指導監督を行うため査察指導員を補職する ・社会福祉主事で当該分野の2年以上の経験者、社会福祉士等であること
知的障害者福祉司	・知的障害者福祉法第13条に基づき、都道府県の知的障害者福祉司は知的障害者更生相談所に必置、市および町村の福祉事務所では任意設置 ・知的障害者福祉の業務を行う、現業員に対する指導監督を行うため査察指導員を補職する ・社会福祉主事で当該分野の2年以上の経験者、社会福祉士等であること
家庭児童福祉主事および家庭相談員	・児童福祉事業従事2年以上等の社会福祉主事から任用される ・家庭児童相談室業務（子育て全般、不登校、児童虐待、非行等の相談）を行っている
児童・母子担当職員母子自立支援員	・家庭児童相談室で担当する家庭児童福祉に関する業務以外の、保育・母子保護・助産、および母子及び父子並びに寡婦福祉法に基づく業務を行っている
女性相談員	・婦人相談員のこと（売春防止法、DV防止法に基づく業務を行っている）
事務員	・所長の指揮監督を受け、所の庶務を行う

出典　渋谷哲編『低所得者への支援と生活保護制度（第4版）』みらい　2017年　p.130

　設置されているため、クライエントに対してソーシャルワークを担う業務は、生活保護制度を担当する現業員より機会が少ないといえる。なお、同法では社会福祉六法を担当するソーシャルワーカーを「現業員」と規定しているが、実際の福祉事務所では生活保護法を担当するソーシャルワーカーを現業員と指すことが一般的であり、「ケースワーカー」「地区担当員」と呼ばれている。

　査察指導員は、現業員の指導監督を行う職員であり、社会福祉法第15条第3項では、査察指導員の行う役割を「現業事務の指導監督をつかさどる」と規定している。よって、査察指導員は現業員の行う業務の「スーパーバイザー」の役割をもっており、現業員が各福祉法の目的や理念に沿った業務を行うことを、スーパービジョンをとおして支えている。

　このように同法では、査察指導員をソーシャルワーカー（現業員）のスーパーバイザーと位置づけているが、実際には生活保護法を担当するソーシャルワーカーが所属する組織（係や班）の係長や主査、主任等を指すことが一般的である。

なお、表7－1には、老人福祉指導主事・身体障害者福祉司・知的障害者福祉司・家庭児童指導主事等がある。これは査察指導員と同様な職務であり、各福祉領域を担当するソーシャルワーカーのスーパーバイザーとしての役割を担っているが、この職名で配置されている者は少ない。

4）社会福祉主事資格

　社会福祉法第15条第6項では、査察指導員と現業員は「社会福祉主事でなければならない」とあり、資格取得者でなければその業務を担うことができないと規定されている。この資格の要件については同法第19条に規定されており、大学や短期大学で社会福祉に関する科目を3科目以上修めて卒業した者[*1]、都道府県知事の指定する専門学校等の社会福祉主事養成機関または講習会を修了した者、社会福祉士資格の取得者などとなっている。よって、ソーシャルワーカーとして社会福祉の仕事をするうえでの基本的な資格となっている。

＊1　「社会福祉に関する科目」は、社会福祉概論、社会保障論などの34科目が定められており、そのうち3科目以上を履修することになっている。

（2）町・村役場

1）町・村役場の業務

　市や特別区における社会福祉に関する相談は、前述のとおり福祉事務所が担当しているが、町村の場合、その相談内容によって郡部福祉事務所と町・村役場に分かれている。

　社会福祉法第14条第5項の規定により、郡部（都道府県）福祉事務所が町村の「生活保護法・児童福祉法・母子及び父子並びに寡婦福祉法」を担当しており、町・村役場は「老人福祉法・身体障害者福祉法・知的障害者福祉法」を担当している。

　ここで留意したいのは、例えば、児童福祉法に関する業務を町村は全く担当していないというわけではなく、実際に町村は児童福祉法に定める保育所の事務を行っており、業務によって担当が都道府県と町村に分かれているのが現状である。

2）町・村役場のソーシャルワーカー

　社会福祉法第14条第3項の規定により、町村において福祉事務所は任意設置となっており、2020（令和2）年4月1日現在45町村しか設置されておらず、ほとんどの町村には福祉事務所がない。よって、町村が担当する「老人福祉法・身体障害者福祉法・知的障害者福祉法」の業務は、町村役場の「福祉課」「住民課」といった部署でソーシャルワークを行っている。しかし、市や特別区と

比較して規模も小さく職員数も少数であるので、専門職としてのソーシャルワーカーという位置づけよりも、一般行政職員として事務処理や相談対応を行っている状況である。

（3）児童相談所

1）児童相談所の業務

　児童福祉法第12条に基づく行政機関であり、都道府県と指定都市に設置が義務づけられているが、2006（平成18）年4月より中核市、2017（同29）年4月からは政令で定める特別区にも設置が認められるようになった。業務は次のとおりであるが、その運営は「児童相談所運営指針」に基づいて行われている。

①相談

　子どもの福祉に関するさまざまな問題にわたるが、内容から養護相談、障害相談、非行相談、育成相談、その他の相談に分類している。なお、最近増加している児童虐待の相談・通告は養護相談に分類される。

②調査・診断・判定

　受付した相談や通告に対して、児童福祉司による社会診断、児童心理司による心理診断、医師による医学診断、一時保護による行動診断をもとに、児童相談所職員の判定会議や援助方針会議により援助方針（プランニング）を決定している。

③援助

　子どもや保護者等に対して行う援助の方法として、在宅指導、児童福祉施設等への入所措置、里親委託、児童自立生活援助措置、家庭裁判所送致、家庭裁判所に対する家事審判の申立て等がある。

④一時保護

　児童相談所の一時保護所、または警察署、児童福祉施設、里親等に一時保護を委託して、子どもの保護と行動状況の把握を行う。

⑤市町村への援助

　市町村相互間の連絡調整や情報提供、市の福祉事務所や町村役場では対応困難な、要保護性の高い児童への援助を行っている。

2）児童相談所のソーシャルワーカーの役割

　児童相談所には所長、児童福祉司、児童心理司、医師が、また一時保護所を併設する児童相談所には児童指導員、保育士等が配置されている。このうち児童福祉司と児童指導員がソーシャルワーカーと位置づけられる。

児童福祉司は、保護や福祉に関する事項について相談に応じ、子どもや家族に対して支援を行っている。資格の要件は児童福祉法第13条に規定されており、児童福祉施設職員の養成機関または講習会の課程を修了した者、社会福祉士または精神保健福祉士資格の取得者等となっている。

　児童指導員は、一時保護所において、子どもの生活指導や学習指導をとおして、一時保護中の子どもの行動観察を行っている。資格の要件は児童福祉施設の設備及び運営に関する基準第43条に規定されており、児童福祉施設職員の養成機関を修了した者、社会福祉士、精神保健福祉士、大学または大学院で社会福祉学・心理学・教育学・社会学のいずれかの課程を修めて卒業した者等となっている。

（4）障害者更生相談所

1）身体障害者更生相談所

　身体障害者福祉法第11条に基づく行政機関で、都道府県に設置が義務づけられており、業務は同条に規定されている。

①市町村が実施する業務に関しての市町村間の連絡調整

②市町村に対する援助と情報提供

③専門的知識や技術が必要な方への相談や支援

④身体障害者への医学的・心理学的・職能的判定

　また、同法第11条の2に「都道府県は、その設置する身体障害者更生相談所に、身体障害者福祉司を置かなければならない」とあり、業務は同条第3項に上記の①〜③と規定されている。資格の要件は同法第12条に規定されており、社会福祉主事で身体障害者福祉に関する事業に2年以上従事した経験を有する者、大学で指定された社会福祉に関する科目を修めて卒業した者、社会福祉士資格者等となっている。

2）知的障害者更生相談所

　知的障害者福祉法第12条に基づく行政機関で、都道府県に設置が義務づけられており、業務は同条に規定されている。

①市町村が実施する業務に関しての市町村間の連絡調整

②市町村に対する援助と情報提供

③専門的知識や技術が必要な方への相談や支援

④18歳以上の知的障害者への医学的・心理学的・職能的判定

　また、同法第13条に「都道府県は、その設置する知的障害者更生相談所に、

知的障害者福祉司を置かなければならない」とあり、業務は同条第3項に上記の①〜③と規定されている。資格の要件は同法第14条に規定されており、社会福祉主事で知的障害者福祉に関する事業に2年以上従事した経験を有する者、大学で指定された社会福祉に関する科目を修めて卒業した者、社会福祉士資格者等となっている。

(5) 婦人相談所

売春防止法第34条に基づく行政機関で、都道府県に設置が義務づけられており、業務は同条に規定されている。
①要保護女子に対する相談
②要保護女子や家庭への調査や支援
③要保護女子への医学的・心理学的・職能的判定
④要保護女子の一時保護
「配偶者からの暴力の防止及び被害者の保護等に関する法律（DV防止法）」により、「配偶者暴力相談支援センター」の機能も担っている。また、婦人相談所でのソーシャルワーカーは婦人相談員であるが、業務としては売春防止法第35条に「要保護女子の相談に応じて必要な指導や支援を行う」と規定されている。その要件については同条に「社会的信望があり、業務に対して熱意と識見をもつ者に都道府県知事が委嘱する」と規定されている。よって、特に資格は必要としないが、業務の内容を考えると専門的知識や技術をもつソーシャルワーカーと位置づけることができる。

(6) 司法機関

1) 刑務所

刑務所から出所する高齢者や障害者の社会復帰支援を担うソーシャルワーカーの配置は、2004（平成16）年度から一部の刑務所で始まり、2007（同19）年度に施行された「刑事収容施設及び被収容者等の処遇に関する法律」により、2009（同21）年度から全刑務所に拡大した。社会福祉士は刑務所や少年院に、精神保健福祉士は医療刑務所や医療少年院に配置されている。

さらに、2014（平成26）年度からは「福祉専門官」という新たな職種が誕生し、5年以上の相談援助経験がある社会福祉士や精神保健福祉士の資格取得者が刑務所に配置されている。

2）保護観察所

2005（平成17）年に施行された医療観察法に基づき、殺人や放火等の重大な他害行為を行った者の社会復帰を促進する医療観察制度があるが、保護観察所においてこれに従事するのが、新たに配置された「社会復帰調整官」である。精神保健福祉士や社会福祉士等で精神障害者の相談援助経験がある者を任用している。

（7）福祉行政機関のソーシャルワーカーの課題

本節で見てきた福祉や司法の行政機関に所属するソーシャルワーカーは、すべて公務員であるが、これによる課題について福祉事務所の現業員を例にして考えたい。

前述したとおり、社会福祉法では「現業員は社会福祉主事の資格取得者」と規定されているが、2016（平成28）年の資格保有率は82％程度である。これでは自治体が社会福祉法を遵守していない状況にあるといわざるを得ないが、その理由は現業員の任用方法にある。

1960~1970年代には多くの自治体において、社会福祉主事資格者を対象とした専門職採用試験を実施して配属を行ってきたが、それ以降は、多くの自治体が一般行政職採用の職員を福祉事務所に配属してきた状況にあり、社会福祉の仕事に熱意ある者だけが従事しているわけではない。むしろクライエントとかかわる仕事が自分に合わないので「すぐにでも異動したい」と思っている人が多いのも現実の姿である。仮に福祉事務所の配属期間中に通信教育で社会福祉主事資格の取得を奨励しても、公務員は3〜5年で人事異動があるため、無資格のまま過ごす者が多い。

確かに現業員の少ない自治体では、専門職採用をしても配属可能なポストも限られており、「行政職員はさまざまな部署を経験することが必要」との考え方もあるだろう。しかし社会福祉法第19条には、「社会福祉主事は人格が高潔で思慮が円熟し、社会福祉の増進に熱意がある者を任用しなければならない」とあり、社会福祉に関心があり、専門的知識や技術を学んだ者がソーシャルワーカーとして従事することが、クライエントへの自立支援に少しでも結びつくと考えられる。なお、このような課題は児童相談所の児童福祉司も同様の状況である。

最後に、保護率や児童虐待件数の増加等に対応するため、2010（平成22）年以降、社会福祉専門職の採用試験を実施する自治体が増えている。2016（平成28）年の厚生労働省「福祉事務所人員体制調査」によると、福祉事務所の現業

員総数18,183人に対し社会福祉士有資格者は3,250人と13.1％の保有率である。2004（平成16）年の同省「福祉事務所現況調査」では628人であったから、この12年間で5.1倍も増えている。また、社会福祉主事の保有率も70％から82％と12ポイント増えており、この10数年で展望が少し開けてきたともいえる。

　ソーシャルワーカーをめざす者が、難関の公務員試験を突破して福祉行政機関に配属され、そこでのソーシャルワークが「やはり専門の福祉職採用が望ましい」と周囲に評価してもらうことが、自治体のソーシャルワーク機能を高めていく方法の一つである。

２．民間施設・組織におけるソーシャルワーカー

（1）ソーシャルワーカーが活躍する領域

　ソーシャルワーカーは、公私の施設や機関、事業において、社会福祉領域のみならず、医療・保健、介護、教育などといった多様な領域で活躍している。各種の社会福祉施設・機関・社会福祉関連の事業所や病院、また近年においては学校や刑務所など、さまざまな場においてソーシャルワーカーはその職務にあたっている。それゆえ、そのソーシャルワークの対象となる人々もさまざまで、ソーシャルワーカーの実際の職務内容や活動も多様である。一方それは、ソーシャルワークがなされる職務の範囲や内容が明確にされにくく、専門職としての固有の職務が限定しにくいという面をもっている。このようなソーシャルワークの範囲や固有性はそもそも「誰をソーシャルワーカーと呼ぶのか」「どこまでをソーシャルワークと呼ぶのか」という問いへの回答が、回答者の立場や考えによって多様となるといった問題をはらんでいる。

　しかしながら、ソーシャルワーカーが所属する組織がソーシャルワークに対する認知が不十分であったとしても、クライエントを中心とするネットワークや社会資源への連絡調整、援助対象者への生活支援を目的とした計画的・継続的な支援の実施など、結果としてソーシャルワークを担っている社会福祉従事者は多い。

　以下、民間施設や組織におけるソーシャルワーカーの役割・活動内容について概説する。

（2）医療ソーシャルワーカー（MSW）

　医療ソーシャルワークとは、保健・医療の領域においてなされるソーシャルワークのことである。そして、この医療ソーシャルワークに従事するソーシャルワーカーを医療ソーシャルワーカー（MSW：Medical Social Worker）という。厚生労働省保健局長通知『医療ソーシャルワーカー業務指針検討に関する報告書』（2002年）では、医療ソーシャルワーカーが病院等で管理者の監督の下に行う業務の範囲を次のように示している。

①療養中の心理的・社会的問題の解決、調整援助

　入院、入院外を問わず、生活と傷病の状況から生ずる心理的・社会的問題の予防や早期の対応を行うため、社会福祉の専門的知識及び技術に基づき、これらの諸問題を予測し、患者やその家族からの相談に応じ解決、調整に必要な援助を行う。

②退院援助

　生活と傷病や障害の状況から退院・退所に伴い生ずる心理的・社会的問題の予防や早期の対応を行うため、社会福祉の専門的知識及び技術に基づき、これらの諸問題を予測し、退院・退所後の選択肢を説明し、相談に応じ解決、調整に必要な援助を行う。

③社会復帰援助

　退院・退所後において、社会復帰が円滑に進むように、社会福祉の専門的知識及び技術に基づき、援助を行う。

④受診・受療援助

　入院、入院外を問わず、患者やその家族等に対する受診、受療の援助を行う。

⑤経済的問題の解決、調整援助

　入院、入院外を問わず、患者が医療費、生活費に困っている場合に、社会福祉、社会保険等の機関と連携を図りながら、福祉、保険等関係諸制度を活用できるように援助する。

⑥地域活動

　患者のニーズに合致したサービスが地域において提供されるよう、関係機関、関係職種等と連携し、地域の保健医療福祉システムづくりに参画を行う。

　近年、医療の高度化や生活習慣病に代表される慢性疾患への対応、患者のニーズの変化、ターミナルケアの問題、生命倫理問題など、医学的治療にともなって生じるさまざまな問題に直面している保健・医療機関において、医療ソーシャルワーカーの役割・機能はますます重要になっている。そのため医療ソーシャルワーカーの役割は単に病院等の機関内部に留まらず、地域における他の社会

資源との連携や社会資源そのものの開発にかかわるなど多岐にわたっている。

　また同指針では、医療ソーシャルワーカーは、その業務の方法において、患者の主体性の尊重やプライバシーの尊重といったことに加え、保健医療スタッフとの連携や受診・受療援助における医師の指示の重視などを、その領域の特殊性から、合わせて明記している。

　医療ソーシャルワーカーの職務の範囲、権限とその位置づけは、医療ソーシャルワーカーが所属する病院等の組織の状況や経営方針によって、さまざまである。医療ソーシャルワークの部門として位置づけられているところもあれば、事務部門の一つとして位置づけられるところもある。いずれにしろ、組織管理者および、診療部門を担う医師や看護師、理学療法士（PT）、作業療法士（OT）などといった医療スタッフらの医療ソーシャルワークの意義に対する十分な理解が、その組織における医療ソーシャルワークの内実に大きな影響を与える。他職種との十全な相互理解と連携が、医療ソーシャルワーカーがその専門性を発揮できることの鍵である。

　また、精神保健および、それに関する福祉領域でのソーシャルワークを精神科ソーシャルワークと呼び、それに従事する者を精神科ソーシャルワーカー（PSW：Psychiatric Social Worker）と呼ぶ。1997（平成9）年に制定された精神保健福祉士法において規定される精神保健福祉士は、この精神科ソーシャルワーカーの国家資格にほぼ相当する。精神保健福祉士法第2条では、「精神障害者の保健及び福祉に関する専門的知識及び技術をもって、精神科病院その他の医療施設において精神障害の医療を受け、又は精神障害者の社会復帰の促進を図ることを目的とする施設を利用している者の地域相談支援の利用に関する相談その他の社会復帰に関する相談に応じ、助言、指導、日常生活への適応のために必要な訓練その他の援助を行うことを業とする者」と定めている。精神保健福祉士の専門性は、その対象としている領域から特殊性を有するが、社会福祉士の専門性ともかなり共通した基盤をもっており、関連が深い。

（3）社会福祉協議会の職員

　社会福祉協議会は、地域福祉の推進を目的とする団体であり、社会福祉法の規定に基づき組織されている（社会福祉法第109～111条）。市町村を単位とする市町村社会福祉協議会（指定都市の場合は地区社会福祉協議会という）と、都道府県を単位とする都道府県社会福祉協議会、国レベルの推進・調整を行う全国社会福祉協議会がある。

　社会福祉法では、市町村社会福祉協議会の事業を、①社会福祉を目的とする

事業の企画及び実施、②社会福祉に関する活動への住民の参加のための援助、③社会福祉を目的とする事業に関する調査、普及、宣伝、連絡、調整及び助成、④その他社会福祉を目的とする事業の健全な発達を図るために必要な事業と定めており（社会福祉法第109条第1項）、その具体的な事業内容としては、総合的な相談事業、生活福祉資金貸付事業、ボランティアセンターを拠点とするボランティア活動の推進、小地域ネットワーク活動、福祉課題をもつ当事者の組織化、あるいは「事業部門」といわれる食事サービスや家事援助サービス、訪問介護、通所介護事業等などがあげられる。また近年では、日常生活自立支援事業も担っている。

社会福祉協議会は地域福祉の推進のいわば中核であり、福祉コミュニティづくりの拠点である。これらに従事するのが社会福祉協議会の職員である。ソーシャルワークの技術論的な面からいえば、主にコミュニティワーク（地域援助技術）の機能を、社会福祉協議会は有している。1991（平成3）年に国庫補助事業として創設された「ふれあいのまちづくり事業」においては、個別の福祉問題やニーズを抱える地域住民への支援が必要視され、地域でのケアマネジメント機能の充実が図られることとなった。このように近年社会福祉協議会では、従来のコミュニティワークに加えて、住民一人ひとりの個別援助の視点を織り込み、地域への支援を同時かつ多層的に行う、コミュニティソーシャルワークという、より統合化された技法を活動の中心に据えはじめている。社会福祉協議会のソーシャルワーカーはその実施される事業に応じて、福祉活動専門員、地域福祉活動コーディネーター、ボランティアコーディネーターと呼ばれるが、ホームヘルパーやデイサービス等の「事業部門」の社会福祉協議会職員も、上記のコミュニティソーシャルワークに機能的に従事する者であれば、それはコミュニティソーシャルワーカーと考えられており、その役割の遂行が社会福祉協議会の職員に期待されている。

（4）介護支援専門員（ケアマネジャー）

介護支援専門員とは、介護保険制度下において介護支援サービスを行う職名で、通称「ケアマネジャー」とも呼ばれる。介護支援専門員実務研修受講試験に合格し、かつ介護支援専門員実務研修の課程を修了した者は、都道府県知事の登録を受ける。登録を受けた者は介護支援専門員証の交付を申請することができる。交付された介護支援専門員証の有効期間は5年で、それ以降は更新していく必要がある。

介護支援専門員は介護支援機能の中心的な担い手で、居宅介護支援事業所や

介護保険施設等に所属している。介護支援専門員の業務は、介護支援サービスに関する業務、給付管理に関する業務、保険者からの委託を受けた要介護認定の調査に関する業務の3つに分けられる。

　介護支援サービスは、いわゆるケアマネジメントによって提供される。これは、介護保険制度のサービス利用手続きや給付管理の過程も含んだうえでなされるが、要介護、要支援の高齢者やその家族のもつニーズに対して、介護保険関連の各事業のサービスを中心とした適切な社会資源を総合的、合理的、継続的に提供し調整していく行為はソーシャルワークの一形態である。

　介護支援専門員はおよそ介護保険関連の事業者と同じ法人に所属している場合が多いため、ケアマネジメントの中立性が保障しにくいという点、作成する介護サービス計画（ケアプラン）が介護保険制度上の既存のサービス事業を組み合わせるだけにとどまり、インフォーマルな社会資源の活用の視点が希薄であるといった、ケアマネジメント過程の矮小化という問題も指摘されている。しかしながら、介護支援専門員の主要な職務となる介護支援サービスは、介護保険制度上の規定を受けて展開されるとはいえ、日本の社会福祉領域において、ケアマネジメント過程の実践をリードしており、今後の実践とその発展が注目される。

（5）地域包括支援センターの職員

　地域包括支援センターは、2005（平成17）年の介護保険制度見直しにおいて、従来の在宅介護支援センターを再編成し創設された、地域包括ケアをめざす機関である。地域包括支援センターは、「地域住民の心身の健康の保持及び生活の安定のために必要な援助を行うことにより、その保健医療の向上及び福祉の増進を包括的に支援すること」と定められている（介護保険法第115条の46第1項）。同センターの主たる事業は包括的支援事業と呼ばれ、その基本機能として「共通的支援基盤整備」「総合相談支援・権利擁護」「包括的・継続的ケアマネジメント」「介護予防マネジメント」の4つが求められている。

　地域包括支援センターは、市町村または地域支援事業（包括的支援事業）の実施を市町村から委託を受けた者が設置できるとされている（介護保険法第115条の46第2項及び第3項）。地域包括支援センターは、担当する区域における第一号被保険者の数が概ね3千人以上6千人未満ごとに保健師等1人、社会福祉士1人、主任介護支援専門員1人を配置することになっている。これらの専門職において、保健師等は介護予防ケアマネジメント業務に、社会福祉士は総合相談支援および権利擁護業務に、主任介護支援専門員は包括的・継続的ケ

アマネジメント支援業務にそれぞれ従事し専門性を発揮するとともに、それぞれが連携、協力して業務にあたる「チームアプローチ」の考え方が合わせて重視されている。

　また、厚生労働省は近年、いわゆる団塊の世代と呼ばれる人たちが、75歳以上の後期高齢者となる2025（令和7）年を目途に、高齢者の尊厳の保持と自立生活の支援の目的のもとで、可能な限り住み慣れた地域で、自分らしい暮らしを人生の最期まで続けることができることをめざす「地域包括ケアシステム」の構築を推進しているが、このような地域の包括的な支援・サービス提供体制において、地域包括支援センターは重要な役割を担っている。

　地域包括支援センターは、介護保険制度を法的背景に地域を基盤として保健医療の向上および福祉の増進を包括的に支援するための多様な役割をもつ機関であるが、実際的にその機能は、ソーシャルワークを中心的に実施、展開する機関であるといえる。

（6）その他の機関のソーシャルワーカー

　民間施設・組織のソーシャルワーカーは上記に示した4つのみでなく、他のさまざまな施設・組織に所属し職務に従事している。

　社会福祉関連領域でいえば、児童福祉法に基づく乳児院や児童養護施設に配置される家庭支援専門相談員（ファミリーソーシャルワーカー）や里親支援専門相談員（里親支援ソーシャルワーカー）、障害者総合支援法に基づく指定相談支援事業所に配置される相談支援専門員や障害福祉サービス事業所等に配置されるサービス管理責任者、介護保険制度に基づく介護保険施設や通所介護等に従事する生活相談員や地域支援事業に従事する生活支援コーディネーター、2015（平成27）年に施行された生活困窮者自立支援法に基づき自立相談支援事業に従事する相談支援員、子ども・子育て支援法に基づき利用者支援事業に従事する利用者支援専門員等、支援対象者への個別の相談援助、支援対象者や家族を取り巻く各社会資源との連絡調整、ケアプランや支援計画の作成や実施に取り組む相談員や指導員、施設・機関の管理者等の社会福祉従事者は、ソーシャルワークに従事していると考えられる。

　また近年では、更生保護制度における福祉領域との連携強化が進んでおり、2009（平成21）年度以降、刑事施設や少年院、更生保護施設に社会福祉士が配置されはじめた。さらには同年度以降、矯正施設等の出所者で高齢または障害により自立が困難な者を福祉サービスにつなげる機関として、都道府県圏域ごとに地域生活定着支援センターが設置（社会福祉法人等へ委託も可）され、こ

のセンターにも社会福祉士が配置されており、これらの施設や機関において
ソーシャルワークが実施されている。

　教育委員会をはじめとする学校教育領域においては、いじめ、不登校、暴力
行為、児童虐待等の問題に対応するため、2008（平成20）年に文部科学省によ
る「スクールソーシャルワーカー活用事業」が導入され、2013（同25）年に成
立した「子供の貧困対策の推進に関する法律」を受け、2014（同26）年に閣議
決定された「子供の貧困に関する大綱について」において、スクールソーシャ
ルワーカーを学校に配置する取り組みが進められてきている。

　保健領域においては、2017（平成29）年より市町村に設置（実施主体は市町
村だが社会福祉法人等への委託も可）が努力義務とされた子育て世代包括支援
センター（母子健康包括支援センター）で妊娠、出産、子育てに関する各種の
相談に従事する職員には、保健師や助産師といった医療職に加え、社会福祉士
や精神保健福祉士等のソーシャルワーカーの配置も求められている。

（7）民間施設・組織のソーシャルワーカーの課題

　日本は戦後、行政主導によってその福祉政策が展開されてきた経緯もあり、
行政によって施策決定された事業を民間施設・組織が遂行するという、垂直的
な役割関係が構造として一般的に存在する。また近年、介護保険制度に代表さ
れるように、その官僚的な管理的システムは非常に高度化・複雑化し、かつ絶
えず改正・更新されるため、民間施設・組織は常にそれらに対応し続けていか
なければならない現状がある。

　一方、社会福祉およびそれに関連する諸制度は、クライエントや地域が抱え
る問題状況やニーズに応じて、ますます機能分化しながら創設され拡大されて
いる。これらによって生み出された各種の相談支援に関する事業の多くは自治
体が実施主体と位置づけられているものの、実際は社会福祉法人等の民間委託
により実施される場合が多い。したがって、社会福祉法人等の実施機関が国内
に十全に広がっていくことではじめて国民にとって身近なサービスとして認知
され、機能していくことであろう。

　また、民間施設・組織は行政等公的組織ではなし得ない独自性をもっている。
特にソーシャルワークが「社会変革」を進めることを目的としていることに応
ずべく、行政等が対応していない先駆的あるいは実験的な取り組みや事業運営
が期待される。民間施設・組織は、公的なそれと比べ経営・運営規模が小さい
ところが多数であり、ゆえにソーシャルワーカーの勤務においては、就労条件
やその職務の裁量範囲に関する困難さや問題も少なくない。しかし援助対象者

の生活に最も近づき寄り添って職務に従事する者の多くは、民間施設・組織のソーシャルワーカーであり社会福祉従事者であろう。ゆえに各々の民間施設・組織がより主体的に事業に取り組むことによって、はじめてソーシャルワークの実践の意義とその価値が社会に根を下ろしていくものと思われ、それによって国民一人ひとりに対する福祉サービスの質の向上が真に実現するものと考える。「社会変革」とはそのような意味においてもちいられる言葉であろうし、そこに民間施設・組織に所属するソーシャルワーカーのやりがいと矜持があるであろう。

【学びの確認】

①町・村役場におけるソーシャルワーカーの位置づけについて考えてみよう。
②各自治体のソーシャルワーク機能を高めるための方法を考えてみよう。
③民間施設・組織のソーシャルワーカーはどのような場で、どのような役割をもち活動をしているのでしょうか。
④民間施設・組織でソーシャルワーカーという仕事に従事する際の課題はなんでしょうか。

【参考文献】

渋谷哲編『低所得者への支援と生活保護制度（第4版）』みらい　2017年
川上昌子編『公的扶助論』光生館　2007年
秋山智久『社会福祉専門職の研究』ミネルヴァ書房　2007年
宮田和明他編『社会福祉専門職論』中央法規出版　2007年
副田あけみ『社会福祉援助技術論　ジェネラリスト・アプローチの視点から』誠信書房　2005年
『新版・社会福祉学習双書2007　15　社会福祉協議会活動論』全国社会福祉協議会　2007年
山本主税・川上富雄編著『地域福祉新時代の社会福祉協議会』中央法規出版　2003年
金澤ますみ・奥村賢一・郭理恵・野尻紀江編『スクールソーシャルワーカー実務テキスト』学事出版　2016年

第8章　ミクロ・メゾ・マクロレベルにおけるソーシャルワーク

【学びの目標】

　ソーシャルワークは、人々の生活上の困難の解決を図り、誰もが等しく尊重され安心して暮らしていける社会を創るために、複合的・包括的な視点からさまざまな人々やしくみにアプローチしていくという特徴をもつ。本章では、ソーシャルワークの固有の視点や多様な機能、ミクロ・メゾ・マクロレベルにおけるソーシャルワークの意義や内容を理解することを目標とする。

① ソーシャルワークの固有の視点および多様な機能について理解する。

② ミクロ・メゾ・マクロレベルのソーシャルワークの意味・対象・介入方法を理解する。

③ ミクロ・メゾ・マクロレベルの連関性と、すべてのレベルを視野に入れた実践の必要性を理解する。

1．ソーシャルワークの固有の視点

（1）ソーシャルワークと他の対人援助職との比較

　人々が生活のなかで出合う困難や問題に対しては、その問題の領域によって異なる専門職が、それぞれの専門性を発揮して問題の解決を援助する。病気やケガの治療や療養には医師や看護師が、介護や日常生活支援が必要な場合には介護福祉士が、法律問題の解決には弁護士が、心理的な問題に対しては公認心理師や臨床心理士がかかわっている。しかし、人々が経験する生活上の困難は、それだけで独立したものではなく、ある問題が別の問題を引き起こしたり、複数の問題が前後して発生したりすることも多い。例えば、父親が病気で仕事ができなくなり、母親が働きに出るようになり、子どもが悩みを抱え、進学を断念するなどである。そしてソーシャルワーカーは、そのような生活上の出来事に絡んで生じる生活問題全般に目を向け、人々の生活全体がうまく機能するた

めの支援を行う。医療・保健・介護・心理等の対人援助職が専門分化した働きをするのに対して、ソーシャルワーカーはクライエントとその生活問題を社会との関係に注目しながら、幅広く包括的にとらえていく。他職種との違いはここにあるといえよう。

(2) 「個人」と「社会」への複合的な視点

　ソーシャルワークは、クライエント一人ひとりの幸福の実現と、誰もが幸福を追求できる公正な社会の実現をめざしている。あるクライエントの問題解決を支援するなかで、クライエント個人の問題の背景に存在する、社会福祉の制度・サービスの不備や社会全体の問題に気づかされることがある。例えば、生活困窮という問題は、低所得世帯に対する社会福祉政策の不備や経済不況による大量解雇から来ているかもしれない。そのような場合には、個々のクライエントの問題解決を支援するとともに、社会の制度やしくみをも変えていかなければならない。そして、その改善された制度やしくみを使って、同じような生活状況にあるクライエントの問題解決を支援するのである。ソーシャルワークには、このような「個人」へのまなざしと「社会」へのまなざしをあわせもった、複合的な視点が必要となる。

(3) クライエントを生活主体者としてトータルにとらえる包括的な視点

　人間は、身体的側面、心理・精神的側面、社会的側面、そして霊的側面をもっており、それらが相互に関連しあって一人の人格が成り立っている。したがって、それぞれの側面を切り取って考えるのではなく、各側面の相互関連性に注目しながら、トータルな存在としてクライエントを理解し、毎日を生きる「生活主体者」としてとらえることが大切である。例えば、糖尿病のあるクライエントにとって、血糖値をコントロールすることは健康のために非常に重要であるが（身体的側面）、極端で厳しすぎる食事制限は心理的なストレスを生むかもしれないし（心理・精神的側面）、友人との外食もできずに引きこもってしまうかもしれない（社会的側面）。さらには、「一体何のために生きているのか」という人生の意味にかかわる悩みをもつようになることも考えられる（霊的側面）。それぞれの側面の重要性を認識しつつ、生活を全体としてうまく機能させるという視点が、ソーシャルワークには必要である。

　また、人間は環境との相互作用のなかで生きており、生活上の問題も、人と

環境との相互作用がうまくいかないことから生じることが多い。例えば、脳梗塞の後遺症により半身まひとなった場合、もし、その人がバリアフリー住宅に住み（住環境）、経済的にゆとりのある円満な家族で（家庭環境）、地域に豊かな福祉サービスや助け合いのしくみがあれば（地域環境）、障害がありながらも安定した生活を続けることができる可能性が高い。一方で、古いアパートの2階でひとり暮らしをしており、借金を抱え、頼れる親戚・知人もなく、住民同士のつながりが希薄な地域であれば、その人は、障害そのものから来る困難以上の苦労を経験することになるであろう。クライエントの生活問題の背景にある、人と環境の間の相互作用に注目することで、その人に必要な支援が見えてくる。

さらに、人間は過去、現在、未来を生きる存在である。クライエントの人生は連続しており、過去の出来事、現在の状況、将来の見通しは相互に関連しあっている。したがって、その人がこれまでどのような人生を生きてきて、今どのような生活を営んでおり、将来どのような生活が予想されるのかという時間軸でクライエントを理解することが重要である。例えば、リストラに遭って職を失うという出来事は、誰にとっても重大な出来事であるが、特に長年献身的に会社に貢献してきた人、最近がんが見つかって治療中の人、これから子どもたちが進学を控えている人などにとっては、より深刻な事態を招くことが予想される。クライエントが直面している生活問題の意味や生活全体への影響を、その人の人生の時間軸でとらえる必要があろう。

一方、長期的な展望をもった支援という視点も重要である。例えば、障害のある子どもやその家族を支援する場合には、目の前のニーズを満たすことがまず何よりも優先されるが、その子どもや家族の将来を見据える視点ももたなければならない。10年後、20年後の生活状況を予測しながら、そのために今、どのような支援が必要かを考えるのである。

最後に、人間を長所と短所をあわせもった存在としてとらえることが大切である。福祉サービスのクライエントに対して、病気や障害、できないことや苦手なことなど、その人の問題点ばかりを取りあげることが多い。しかし、誰しも健全な部分や得意とすること、努力してきたことや将来への希望など、いわゆるストレングス（強さ）をもっている。マイナス面にばかり目を向けるのではなく、ストレングスにも注目し、そのストレングスを活用しながら生活上の問題を解決し、ストレングスを伸ばすことで自己実現を図り、人生を豊かにしていくという視点が必要であろう。

（4）社会資源の活用・改善・開発

　ソーシャルワーカーは、目に見える道具を使わず、自分自身を道具としてクライエント支援に携わる専門職である。その意味では、心理カウンセラーと共通点をもっているといえる。しかし、両者の違いは、心理カウンセラーがクライエントの心理的な問題に働きかけるのに対して、ソーシャルワーカーは社会資源を活用して生活上の問題の解決を図るという点にある。ソーシャルワーカーもカウンセラーと同じように、クライエントの悩みに寄り添い、心理的サポートを提供し、自我を強化し、潜在能力を引き出し、成長を促すようなかかわりを行う。　しかし、社会生活における問題の現実的な解決には、社会福祉のさまざまな制度やサービス、あるいは家族や地域社会がもつインフォーマルなサポートの動員が不可欠である。このように社会資源を積極的に活用するという視点は、ソーシャルワークに固有なものといえる。さらには、クライエントのニーズに合うよう、社会資源を改善したり開発したりするという視点も、ソーシャルワーカーに不可欠なものであろう。

（5）クライエントをシステムでとらえる視点

　ソーシャルワークでは、支援対象である個人、家族、地域、さらに社会全体をシステムとしてとらえる視点が重要である。システムとは、相互に影響を与え合う多様な要素（部分）から構成された、一つのまとまり（全体）のことである。例えば家族システムは、一人ひとりの家族メンバー（要素）が日常的にさまざまなやり取りをし、影響を与え合いながら、家族（全体）というまとまりをもっている。そして、この家族というシステム（要素）が集まって、近隣社会というシステム（全体）が形成され、複数の近隣社会（要素）の集まりによって、より大きな地域社会（全体）ができている。人は、家族・近隣・職場・学校・地域社会・社会全体など、大小さまざまな環境から影響を受けたり、環境に影響を与えたりしながら生活している。そして、多様なシステム同士も相互に影響しあっている。このように、人とその置かれている環境をシステムという視点でとらえてその交互作用を読み解き、「人」「環境」「両者の交互作用」に働きかけて生活課題を解決するという視点が求められる。

2. ミクロ・メゾ・マクロレベルの対象

　クライエントの生活上の問題は、個人的要因だけで起こるものではなく、その人の家族や所属する学校・職場などの集団や組織、そして地域社会、さらに大きな社会全体といった環境とのかかわりのなかで発生する。クライエント個人に対する支援だけでは生活問題を解決することが難しく、家族、集団、組織、地域社会、行政などに対する働きかけが解決の鍵を握ることが多い。システムの考え方が、クライエントの生活上の問題の発生メカニズムの理解や解決策の検討に役立つのである。

　上述のように、クライエントは、家族のような小さなシステムから、国や世界といった非常に大きなシステムまで、さまざまなレベルのシステムのなかで生活している。ソーシャルワークでは、「ミクロ」「メゾ」「マクロ」の3つのレベルに分けてとらえることが多い。「ミクロ」とは「微視的」、「メゾ」は「中間」、マクロは「巨視的」という意味があり、クライエントの環境を「小規模・中規模・大規模」に分けて見ていくということである。

　ソーシャルワークにおける「ミクロ・レベル」とは、「物理的・社会的環境のうち、個人がある一定の期間、日常生活のなかで直接接触していて、かつ交互作用するレベル」[1]で、その対象は生活問題に直面している個人・家族・小集団などである。また「メゾ・レベル」とは、「ミクロ環境の機能に影響を与えるもの」[2]で、その対象は、生活問題を抱える人たちが所属している、あるいはかかわっている地域の住民・組織や支援チームなどである。さらに「マクロ・レベル」とは、「居住している人々のほとんどに共通し、成長に影響を与える大きな社会の物理的・社会的・文化的・経済的・政治的構造」[3]のことで、その対象は、人々の生活問題に大きくかかわるような制度や政策などを含む社会のしくみである。

3. ソーシャルワークの機能とミクロ・メゾ・マクロレベルのソーシャルワーク

（1）ソーシャルワークの機能とは

ソーシャルワークには多様な機能があり、それらのソーシャルワークの機能を整理する試みが数多くなされてきた。代表的なものをあげると、まず岡村重夫によるものがある。岡村は、社会福祉の一般的機能として、①評価的機能、

②調整的機能、③送致的機能、④開発的機能、⑤保護的機能の５つをあげている。また、空閑は、ソーシャルワーカーの機能を、①クライエントの問題解決能力や環境への対処能力を強化するための機能、②クライエントと必要な社会資源との関係構築・調整のための機能、③機関や施設の効果的な運営や相互の連携を促進するための機能、④制度や政策の改善・発展、また社会全体の変革を促すための機能の４つに大別し、それぞれのグループに分類されるより具体的な諸機能を列挙している[4]。この他にも、全米ソーシャルワーカー協会が掲げるもの[5]や、日本社会福祉実践理論学会（現・日本ソーシャルワーク学会）がまとめたもの[6]などがある。それらの機能をまとめ、ミクロ・メゾ・マクロのレベルで整理すると、表8−1のようになる。

表8−1　ソーシャルワークの機能とミクロ・メゾ・マクロレベルのソーシャルワーク

ソーシャルワークの機能	ミクロ・レベル（個人・家族・小集団）	メゾ・レベル（組織・ネットワーク・地域）	マクロ・レベル（制度・政策・社会全体）
アウトリーチ機能	問題やニーズの発見	組織・ネットワーク・地域の問題やニーズの発見	―
評価的機能	アセスメント・モニタリング・事後評価など	組織や地域のニーズ調査、サービス評価など	国民の意識調査や制度・政策の評価
支援的機能	相談・心理的サポート・意思決定支援など	地域課題や組織運営に関する相談支援	―
教育的機能	情報・知識・技術の伝達	住民やボランティアへの情報提供など	―
保護的機能	生命・安全の確保・保護	―	―
アドボカシー機能	権利や生活の保障のための代弁	―	―
管理運営的機能	―	施設や組織などの適正な管理運営	―
スーパービジョン機能	―	ワーカーの専門性向上と支援の質の向上	―
連携的機能	―	組織・団体の連携やネットワーキング	―
仲介的機能	ニーズと社会資源の間のつなぎ	―	―
調整的機能	クライエントと関係者の関係調整	支援者や機関間の関係調整	―
開発的機能	―	地域の社会資源の開発	―
組織化機能	―	住民や当事者の活動の組織化への支援	―
社会変革的機能	―	―	法制度の改善や社会全体の改良・改革

出典　筆者作成

（2）アウトリーチ機能

　アウトリーチ機能とは、自分のニーズに気づいていない人や困っていても自分から相談に来ない人などにソーシャルワーカーが積極的にアプローチし、支援を必要としている人の生活問題を発見し、潜在的なニーズを掘り起こす働きである（ミクロ・レベル）。

　このようなアウトリーチ機能は、特に自らの思いを表現することの難しい人たちの潜在的なニーズをキャッチし、支援につなげるために、大変有効である。また、普段から地域に出向いて地域住民とのつながりをつくっておき、何らかのニーズが起こったときに、早い段階でそれをキャッチできるようにしておくことも予防の観点からは大切である（メゾ・レベル）。

（3）評価的機能

　評価的機能には、クライエント支援のプロセスにおいて、より適切な支援のために行われるさまざまな評価が含まれる（ミクロ・レベル）。本格的な支援に先立つアセスメント（事前評価）では、クライエントおよびクライエントの問題状況を理解し、ニーズを明らかにし、解決方法を見極める作業が行われる。ここでは、クライエントの身体的・心理精神的・社会的・霊的側面や生活状況、生活問題の実態と背景、クライエントの問題に対する認識や解決に対する動機づけ、ニーズを満たすための社会資源などに関する情報を収集・分析し、総合的に評価することが求められる。また、現に直面している困りごとだけではなく、将来的に生活課題が発生するリスクを見積もっておくこともアセスメントの重要な要素となる。サービスの提供と並行して実施されるモニタリングでは、クライエントとサービスを見守り、適切なサービスによってクライエントの生活が改善に向かっているかどうかを見極めることが大切である。エバリュエーション（事後評価）では、支援のプロセスや成果をふり返り、クライエントのニーズがどの程度充足され、生活上の問題がどのように改善されたのか、クライエントがどのように問題に取り組み、変化や成長を遂げたのかなどについて評価する。ソーシャルワーカーによる援助の有効性を示し、クライエントやソーシャルワーカーの今後の課題を確認するためにも、事後評価は非常に重要である。

　また、医療・介護・福祉などのさまざまな専門機関、ボランティア団体、住民組織などの取り組みの有効性を見極めたり、組織やチームが抱えるニーズを把握したりすることや（メゾ・レベル）、大規模な調査によって、福祉課題に

ついての国民の意識や福祉制度・政策の効果や問題点を明らかにすることも、評価的機能に含まれるだろう（マクロ・レベル）。

（4）支援的機能

　支援的機能とは、クライエントとのかかわりのなかで、クライエントを支えるという働きである。クライエントの生活問題の解決の主体者はクライエント自身であり、ソーシャルワーカーがクライエントの問題を解決してあげるわけではない。しかし、クライエントが自分で自分の問題を解決するためには、クライエントを一人の人間として尊重し、クライエントの力を信じて支えてくれるソーシャルワーカーの存在は重要である。誰しも、生活上の問題に直面すると、不安やおそれ、落胆や失望、いらだちや不満など、さまざまな感情を抱く。そのような感情をきちんと受けとめて共感してもらうことが、自分の置かれている状況について冷静に考えるゆとりや問題解決に立ち向かう勇気を与えてくれる。クライエントが、自分の置かれている状況や生活上の問題を整理し、問題解決に向けて何をすべきかを考え、そして自己決定するという作業に主体的に取り組んでいけるよう、ソーシャルワーカーが側面的に支えるのである（ミクロ・レベル）。

　あるいは、組織・団体・支援チームがその活動のなかで困っていることがあれば、その組織・団体・支援チームへの支援として相談に乗り、自分たちで解決策を見つけていけるように寄り添い支えることもソーシャルワーカーの役割である（メゾ・レベル）。

（5）教育的機能

　教育的機能とは、生活上の問題の解決に必要な情報・知識・技術（スキル）などを伝えることによって、クライエントの問題解決能力や対処能力を向上させるという働きである。クライエントが自分の生活上の問題を解決するためにどのような方法を取ればよいのか、どのようなサービスを利用すればよいのかがわからない場合に、必要な情報や助言などを提供するのである。

　例えば、事故により障害が残った人に対して、障害年金や手帳の制度について説明し、申請の手続きの方法を伝授することなどが、教育的機能の一つとしてあげられる。あるいは、対人関係をうまく取り結ぶことが苦手なために、家庭や学校・職場で人間関係上のトラブルに発展することがある。このような場合には、クライエント自身が他者とのかかわり方について洞察できるような機

会を提供し、適切なかかわり方をしていくための具体的な方法を提示していく。また、金銭管理が不十分なために生活費に困るような場合には、適切に金銭管理するためのスキルを身につけることが必要となる。そのクライエントの能力や生活状況に応じた金銭管理方法をクライエントと一緒に探り、クライエントがその方法を習得していけるよう、手本を示したり、助言を提供したりしていく（ミクロ・レベル）。

　さらには、地域住民やボランティア団体などに対して新しい法制度やサービスについての情報を提供したり、自分たちの活動をより効果的に進めるための知識や技術を伝達するための勉強会を開いたりすることもソーシャルワーカーに求められる重要な機能である（メゾ・レベル）。

（6）保護的機能

　保護的機能とは、さまざまな危険や危機にさらされているクライエントの生命や生活を守るという働きである。クライエントのなかには、障害のある人、高齢者、児童、女性など、自分だけの力で自分の安全を確保し、生活を維持することが難しい人がいる。このような人たちを虐待や劣悪な環境から守り、安全で安心できる環境を提供しなければならない。例えば、児童虐待、高齢者虐待、障害者虐待、ドメスティックバイオレンス（DV）などを受けて、日常生活のなかで危険と隣り合わせの状態に置かれている人がいる。また、認知症の夫を介護する妻が倒れたために、夫も妻も健康状態が著しく低下してしまっている場合がある。あるいは、地震や洪水などの災害に遭って家族や住まいを失い、避難所で体調を崩す人もいる。このような場合には、クライエントを保護するための制度や施設を活用して、迅速にクライエントの安全を確保することが必要である（ミクロ・レベル）。クライエントの意向を聞き、過剰な保護や管理にならないよう、自尊心や主体性を尊重する配慮が求められる。

（7）アドボカシー機能

　アドボカシー機能は、自らの権利やニーズを主張することが難しいクライエントの代弁をし、クライエントの権利や生活を擁護する働きである。ソーシャルワーカーが出会うクライエントには、認知症高齢者、知的障害や精神障害のある人たち、児童、生活困窮者など、他者によるケアや支援を受けている人が多いが、そのようなケアや支援が適切に提供されず、彼らの権利や生活が侵害されている場合がある。ところが、クライエント自身が自分の権利が侵害され

ていることに気づいていなかったり、気づいていても怖くて誰にも相談できなかったり、あるいは周囲の人にうまく伝えることができなかったりすることがある。そのようなとき、ソーシャルワーカーは、クライエントが適切なケアや支援を受けることができるよう、クライエントを代弁する必要がある。

　例えば、障害のある人の年金を家族が使い込んでいるために本人が生活用品を購入できないような場合には、家族に対して働きかけ、年金が適切に管理されるような体制をつくり、クライエントが自分のために年金を有効に使えるようにしていく（ミクロ・レベル）。また、施設において、介護のスタッフが高齢者の尊厳を傷つけるような対応をしている場合には、クライエントとのかかわり方を改善するように施設に対して求めていく（メゾ・レベル）。あるいは、利用できるはずのサービスを事業者から不当に拒否されていると思われる場合には、事業者に説明を求め、クライエントが必要なサービスを適切に利用できるように要求していく（メゾ・レベル）。人権の尊重や社会正義に価値を置くソーシャルワークにとって、このアドボカシー機能は非常に重要である。

（8）管理運営的機能

　管理運営的機能とは、施設や機関の管理や運営を適正なものにし、クライエントに対する支援やサービスの質を維持・向上させる働きである（メゾ・レベル）。多くのソーシャルワーカーは、行政機関や医療・保健・福祉・教育・労働・司法などの分野の施設や機関に所属し、その組織の一員としてクライエント支援に携わっている。　したがって、組織の管理や運営に対して専門職として一定の責任を担うことも、重要な機能の一つととらえなければならない。クライエントのニーズに十分に応えられるサービスを提供するためには、個々のソーシャルワーカーが一人ひとりのクライエントに対する支援の質を高めるだけではなく、組織として、適切なサービスを提供できる体制が必要であり、そのための管理運営が求められているのである。

　例えば、入所施設において、あるクライエントの病院受診が急遽、来週から今日に変更になったことを、担当職員が知らされていなかったために、受診の準備ができていなかったというようなケースがある。重要な連絡事項を迅速かつ正確に伝達するというしくみが整っていないのであれば、それは組織の管理運営の問題として改善されるべきであろう。あるいは、地域で生活する障害のある人や家族のための相談機関において、窓口対応が平日の日中に限られているため、仕事をもつ人がなかなか相談に行けないという場合には、ニーズをもつ人が機関にアクセスしやすいように、時間を延長するなどの工夫が必要であ

ろう。

　ソーシャルワーカーには、組織の問題を発見・分析し、サービスの質を高めるための方法を編み出し、他のスタッフと協働して組織の機能を維持・向上させるという管理運営的な機能を果たすことも求められている。

（9）スーパービジョン機能

　スーパービジョン機能は、ソーシャルワーカーの専門性の向上を図るために、熟練したソーシャルワーカー（スーパーバイザー）が、経験の浅いソーシャルワーカー（スーパーバイジー）に対して指導や監督を行うことで、機関や組織の支援の質を向上させる働きである（メゾ・レベル）。経験の浅いソーシャルワーカーは、日々のクライエント支援において、わからないことや不安に感じることにぶつかることが多い。また、クライエントや家族へのかかわりや他職種・他機関との連携などにおいて不適切なところがあっても、自分では気づかない場合もある。しかし、そのような状態のままで実践を続けることは、クライエント支援の質の低下を招きかねない。そこで、スーパーバイジーを心理的に支えたり、ソーシャルワーク専門職としての価値・知識・技術を習得できるように助言したりすることが必要となる。

　ソーシャルワーカーは自分自身を道具とする専門職であるから、道具としての自分自身の専門性を高めることが大変重要である。しかし、自分だけの努力には限界があり、経験を積んだスーパーバイザーの適切な支援や指導によってはじめて、スーパーバイジーの専門職としての成長が可能になる。ある程度の年数を経たソーシャルワーカーは、部下や後輩に当たるソーシャルワーカーを支え育てるという意識をもち、彼らが心身ともに健康でやりがいを感じながらクライエント支援に携わることができるような職場環境づくりにも取り組む必要があろう。スーパービジョンをとおしてソーシャルワーカーの専門性が向上することが、クライエント支援の質を高めることにつながるのである。

（10）連携的機能

　連携的機能とは、地域のさまざまな機関や団体が有機的につながりあって、地域住民のニーズに効果的かつ効率的に応えることができるようなネットワークをつくる働きである（メゾ・レベル）。近年、ケアや支援を必要とする高齢者、児童、障害のある人たちを地域で支えるという取り組みが進められている。地域で生活するということは、行政機関、医療・保健・福祉・教育・労働・司法

などの諸分野の専門機関、あるいはボランティア団体などとかかわりをもちながら生活するということである。そして、クライエントの日々の生活が円滑に営まれるためには、それぞれの機関や団体がバラバラに動くのではなく、協働することが重要であり、そのような協働を可能にするためにネットワークをつくる必要がある。例えば、特別支援学校を卒業して施設に通うことになった人とその家族が、学校でどのような活動をしていたのか、どのような支援や配慮が必要なのかを、施設側にあらかじめ知っておいてもらいたいと希望することがある。その際に、学校と施設につながりがなければ、本人や家族がすべて自分たちで施設側に説明をしなければならないが、学校と施設の間に連携する関係ができていれば、本人や家族の了解を得て情報提供したり、本人や家族を交えた話し合いの場を設けたりすることも容易になる。

クライエントの生活が全体として円滑に機能し、状況が変わっても生活がスムーズに流れていくためには、このような関係機関の連携が欠かせない。そして、個々のクライエントの支援にかかわる専門職同士が連携することだけではなく、地域のなかで関係する機関や団体が、組織として連携し合っていかなければならない。このような連携的機能として、ソーシャルワーカーは、地域のネットワークづくりの中核的存在として期待されている。クライエント・家族・地域住民を支えるこのようなネットワークは、生活問題の発生を予防したり、あるいは生活ニーズを早期に発見することにもつながるであろう。

（11）仲介的機能

仲介的機能とは、クライエントの生活上のニーズに応じて、適切な社会資源を活用できるように橋渡しをする働きである。クライエントが社会生活を営むうえで発生するニーズは多岐にわたり、それを満たすためには制度やサービスなどの社会資源を有効に使うことが求められる。ソーシャルワーカーは、医師・看護師・介護福祉士・保育士のように、自分自身が直接的な治療やケアを提供するわけではない。ソーシャルワーカーの役割は、クライエントがその人に合った制度やサービスを利用し、適切な支援を得ることができるように、クライエントと社会資源の間をつなぐことである（ミクロ・レベル）。

例えば、退院を控えた要介護高齢者が、在宅でホームヘルプサービスやデイサービスを利用することができるよう、事業者を紹介したり、事業者と連絡を取り合ったり、クライエントや家族と事業者との面接に同席したりして、クライエントや家族と事業者が相互に理解し、納得してサービスが開始できるように支援する。その際、クライエントおよび社会資源の両方について十分に理解

しておかなければ、クライエントのニーズに合わない社会資源につなぐことになり、いわゆるミスマッチを起こしてしまう。クライエントの生活の実態に迫り、ニーズが発生しているメカニズムを理解したうえで、クライエントや家族の意向を尊重しながら、生活全体をうまく成り立たせるために、どのようなサービスや支援が最も効果的かつ効率的であるかを見極める。また、フォーマルな制度やサービスだけではなく、地域のボランティアなどのインフォーマルなサポートも含めて、個々のクライエントのニーズに合った社会資源を見つけること、すなわち、拙速にサービスを引っ張ってくるのではなく、まずクライエントのニーズから出発して考え、そこから最適の社会資源を探すという発想が重要なのである。

（12）調整的機能

　調整的機能とは、クライエントおよびクライエントを取り巻く関係者との間の葛藤やズレを解消し、相互理解と合意に基づいて支援やサービスが提供できるよう、関係を調整する働きである（ミクロ・レベルとメゾ・レベル）。支援やサービスは提供されているが、その提供のプロセスにおいてクライエントと関係者の思いが食い違っていたり、意思疎通が図られていなかったりしていることが原因で、支援やサービスの効果が十分に得られないことがある。

　例えば、病気に関する医師の説明がよくわからないのだが、医師が忙しそうにしているので質問しにくいと感じている人がいる。あるいは、身体障害のある人が、スタッフの介助の仕方について希望を伝えても、そのとおりにしてもらえないという場合がある。また、認知症高齢者の家族の間で、ケアについての考え方に違いがあり、家族間で言い争いが絶えないということもある。このように、クライエントやクライエントにかかわる人たちとの間の関係がうまくいっていないときに、ソーシャルワーカーが間に入って両者の関係を調整する必要がある。患者やクライエントの思いを医師やスタッフに伝えたり、本人が直接伝えることを側面から支援したりする。また、それぞれの家族の思いをていねいに聴き、家族同士が歩み寄ってともに解決の方向性を見出すことができるよう、コミュニケーションの橋渡しをする。このような関係調整の際には、ソーシャルワーカーが一方の味方について他方を責めたりすることのないよう、両者の立場や思いを尊重することが重要であろう。

（13）開発的機能

　開発的機能とは、住民のニーズを満たすための社会資源が地域のなかに存在しない場合に、それを創り出すという働きである。ソーシャルワークでは、クライエントや家族の生活上の問題を解決するために社会資源を活用するが、既存の社会資源だけでは問題解決が図れないということがよくある。

　例えば、地域にはADLは自立しているが、ひとり暮らしで食事がおろそかになりがちな高齢者がいる。そのような人たちに対する配食サービスをスタートさせることで、高齢者の食生活の改善が図られ、また食事の受け渡しをとおして、会話や触れ合いの機会を提供することができる。また、企業で働く知的障害のある人たちが、アフターファイブや休日に余暇時間を持て余したり、自宅に閉じこもってストレスを溜めてしまったりしていることがある。充実した地域生活には余暇時間を有意義に過ごすことも含まれるが、知的障害があるために自分の余暇時間を自分でうまく組み立てていくことに支援が必要な人も多い。このようなときに、障害者相談支援事業所で余暇活動のプログラムをはじめたり、知的障害のある人たちが気軽に立ち寄れる居場所をつくったりすることができる。このような社会資源がなければ、ひとり暮らしの高齢者の健康問題や孤立が起こったり、障害者の日常生活や就労が不安定になったりするかもしれない。地域社会のなかに社会資源を創ることは、新たなニーズの発生を未然に防ぐことにもつながる（メゾ・レベル）。

（14）組織化機能

　組織化機能とは、地域のなかで住民や当事者の生活ニーズを満たすためのグループや団体を組織するという働きである（メゾ・レベル）。地域のなかには、自治会や町内会などの住民組織があるが、それらの組織が生活問題の解決に対して有効に機能しているとは限らない。住民の生活ニーズは非常に多様であり、それぞれのニーズに的確に応えるためには、既存の住民組織だけでは不十分であり、新たに組織を形成する必要も出てくる。共通のニーズをもちながらお互いの存在を知らずに孤立しがちな当事者が、自分たちで組織・運営するセルフ・ヘルプ・グループを立ち上げるときにも、ソーシャルワーカーの側面的な支援が有効である。

　例えば、地域住民が、子どもたちの安全を確保するために登下校の見守り活動をはじめようと考え、このような福祉活動を展開するための住民組織をつくろうという提案が出てくることがある。そこでソーシャルワーカーが相談に

乗ったり、情報提供をしたり、会合のための場所を提供したりして、その組織化を側面から支援する。あるいは、障害者支援施設のクライエントが自分たちの生活の向上のために自治会を発足させたり、引きこもりや不登校などの子どもの問題について相談機関を利用している家族が、お互いに情報交換し合ったり、相談し合ったりするための家族会を立ち上げたりする際にも、ソーシャルワーカーがその組織化を支援することがある。

　このような組織化機能は、地域のつながりや支え合いが希薄になってきた今日、特に重要な機能の一つとして注目できるであろう。当事者や地域住民の活動の組織化を支援することで、当事者や地域住民がエンパワーされ、地域の福祉力を高めることにもなる。

（15）社会変革的機能

　社会変革的機能とは、社会に存在する差別・偏見や法制度の不備などを是正し、公正な社会へ創りかえるという働きである（マクロ・レベル）。クライエントや家族が直面する生活問題の背景には、社会の側の問題が潜んでいることがあり、そのようなときは、社会そのものを変えていく必要がある。

　例えば、精神障害のある人たちの作業所をつくろうと思うと、地域住民から強い反対運動が起こることがよくある。あるいは、法制度が変わったために、従来のサービスが利用できなくなったり、利用料負担が増えたりすることもある。このようなときには、それぞれの関係者に直接働きかけることも重要であるが、さらに一歩進んで、マスコミや行政に訴えかけて、根本的な解決をめざした活動も有効である。また、現在の法制度がクライエントや家族のニーズに対応できていないことを行政に説明して改善を求めたり、そのような現状にあることを機関紙やホームページなどを活用して社会に向けて発信したり、マスコミに働きかけて記事にしてもらったりすることもできる。このような社会変革的な活動は、すぐに結果のでるものではないが、クライエントの生活問題の根本的解決につながる活動として、もっと重要視されるべきであろう。

4. ミクロ・メゾ・マクロレベルの連関性

　このように、ソーシャルワークには多様な機能があるが、それぞれの機能は相互に連動しており、ミクロ・レベル、メゾ・レベル、マクロ・レベルへの介入も、それぞれに独立したものというよりも、相互に連関性をもっているとい

える。特定のクライエントの生活問題を解決する際には、そのクライエントの問題状況によって、どのレベルに介入するのが適切で効果的であるかを見極めなければならないが、単一のレベルへの働きかけだけではなく、複数のレベルへの介入が必要になることが多い。クライエントや家族のニーズや背景にある問題状況によって、同時並行的に複数の機能を果たし、ミクロ・レベル、メゾ・レベル、マクロ・レベルへの多様な介入（働きかけ）を行うことで、個人・家族のみならず、さまざまな機関や団体、地域社会、さらに社会全体の問題解決や改善に貢献できる。近年は、「地域共生社会の実現」をめざす動きが活発になり[7]、高齢者・児童・障害者などの分野を超えた地域包括支援が進められようとしている。これを実現するために、地域を基盤として「個を地域で支える援助と、個を支える地域をつくる援助を一体的に推進する」総合相談が求められるようになってきている[8]。ソーシャルワーカーは、常に広い視野と長期的な展望をもち、ソーシャルワークの固有の視点を維持しながら、臨機応変にミクロ・メゾ・マクロのレベルに幅広く働きかける実践活動に取り組んでいかなければならない。

5. ミクロ・メゾ・マクロレベルの支援の実際

　近年は、地域住民が抱える生活問題が多様化・複雑化・複合化し、単一の分野の単一の支援機関だけで解決することが困難なケースが増えている。そのため分野を跨ぎ、多様な機関や専門職、そしてインフォーマルな社会資源がネットワークを形成し、連携・協働しながら対応することが求められるようになっている。

　例えば、40代の知的障害者Aさんが通う障害福祉サービス事業所のソーシャルワーカーが、最近、Aさんの身だしなみが整っておらず、ちょっとしたことで気持ちが不安定になることに気づくことがある。家族との間でやりとりしている連絡ノートに全く記述がない日も増えている。そこでAさんとの面談を通して生活の様子を尋ね気持ちを聞くとともに、家庭を訪問することにした。するとAさんを一人でケアしてきた70代の母親の持病が悪化して、Aさんや自身のケアも、家事もできなくなっていることがわかる。母親は「手術を勧められているが、他に頼る家族・親族もいないなかで、娘を一人残して入院するわけにいかない。この先、私が死んだら娘はどうなるだろう。誰にも相談できず、途方に暮れていた」という。

　知的障害のあるAさんと高齢の母親のいずれにもニーズがあるため、障害者

相談支援事業所、母親がかかっている医療機関、地域包括支援センターなどの他機関に繋ぐことが必要になる（ミクロ・レベル）。母親が退院してきたら、親子の生活を一体的に支援していくために、障害分野と高齢分野のフォーマル機関が連携し、また近隣住民やボランティアなどのインフォーマルなサポートも導入し、親子を取り巻くソーシャル・サポート・ネットワークをつくっていく（メゾ・レベル）。

　さらに将来のことを考えると、Aさんがグループホームで生活することも検討したいが、行政によるグループホームへの補助金が少なく、グループホームが増えていかない。そのような場合には、行政に対してグループホームへの援助を強化するよう働きかけることが必要になるかもしれない（マクロ・レベル）。また、グループホーム建設計画を聞いた地元住民による反対運動が起こることもある。相談支援事業所、障害者施設・事業所、当事者団体、社会福祉協議会、行政機関などから構成される協議会でその問題を話し合って対策を考え（メゾ・レベル）、障害者施設の行事に地域住民を招待して交流を重ねること（メゾ・レベル）、障害者が自分たちの活動を紹介するニュースレターづくりをグループ活動として支援すること（ミクロ・レベル）、それを地域の住民に配ること（メゾ・レベル）、地元の新聞に掲載してもらうこと（マクロ・レベル）などの取り組みも考えられる。その結果、Aさんと母親の存在を知った近隣住民が、日常的に親子に声をかけてくれたり、買い物を手伝ってくれたり、気になることがあったらAさんの通う障害福祉サービス事業所や母親が利用する訪問介護事業所に連絡をくれたりするかもしれない。親子を取り巻くソーシャル・サポート・ネットワークの拡大・強化につながる取り組みであったといえる（メゾ・レベル）。

　地域で孤立しているのはAさん親子だけではなく、一人暮らしの高齢者、ひとり親家庭、外国籍の家族など、不安や困りごとを抱えている住民が他にも大勢いる。困難を抱える個人や家族へのミクロ・レベルの支援、ニーズをもつ人たちを支えるフォーマルな機関・団体およびインフォーマルな支援者たちとの協働や地域づくりなどのメゾ・レベルの介入、誰もが大切にされ安心して暮らせる社会をめざしたマクロ・レベルの実践に取り組むことが、これからのソーシャルワーカーに期待されている。

【学びの確認】

①ソーシャルワークにはどのような固有の視点や機能があるでしょうか。

②ソーシャルワークにおけるミクロ・メゾ・マクロのレベルとは、それぞれどのような意味や内容をもつでしょうか。

③自分が関心をもつ福祉課題に対して、ミクロ・メゾ・マクロのレベルでどのような介入や支援が可能かを考えてみましょう。

【引用文献】
1）福山和女「ソーシャルワーク理論」、社団法人日本社会福祉士養成校協会編『相談援助演習教員テキスト』中央法規出版　2009年　pp.83-88
2）前掲書1）　pp.83-88
3）前掲書1）　pp.83-88
4）空閑浩人「ソーシャルワーカーの機能」社団法人日本社会福祉士会編『新社会福祉援助の共通基盤（上)』第2版　中央法規出版　2009年　pp.215-216
5）北島英治『ソーシャルワーク論』ミネルヴァ書房　2008年　p.55
6）加登田恵子「ソーシャルワークの機能」黒木保博・山辺朗子・倉石哲也編『福祉キーワードシリーズ・ソーシャルワーク』中央法規出版　2002年　pp.22-25
7）厚生労働省：「地域共生社会」の実現に向けた包括的支援体制の整備のための「重層的支援体制整備事業」の創設について
https://www.mhlw.go.jp/content/000605987.pdf　（2020年8月5日閲覧）
8）岩間伸之「地域を基盤としたソーシャルワークの特質と機能：個と地域の一体的支援の展開に向けて」『ソーシャルワーク研究』37（1）　相川書房　2011年　pp.4-19

【参考文献】
日本社会福祉学会事典編集委員会『社会福祉学事典』丸善出版　2014年
石川久展「わが国におけるミクロ・メゾ・マクロソーシャルワーク実践の理論的枠組みに関する一考察：ピンカスとミナハンの4つのシステムを用いてのミクロ・メゾ・マクロ実践モデルの体系化の試み」『Human Welfare』11（1）pp.25-37　関西学院大学人間福祉学部研究会　2019年
空閑浩人『シリーズ・福祉を知る②ソーシャルワーク論』ミネルヴァ書房　2016年

第9章 | ジェネラリストの視点と総合的かつ包括的なソーシャルワークの意義と内容

【学びの目標】

　今日の複雑化、深刻化する社会福祉問題への対応においては、ジェネラリスト・ソーシャルワークの視点とそれを基盤とした総合的かつ包括的なソーシャルワークが求められている。本章では、ソーシャルワークの統合化とジェネラリスト・ソーシャルワークの成立背景、ジェネラリスト・ソーシャルワークの特徴と基盤、ジェネラリストの視点と総合的かつ包括的なソーシャルワークのあり方、地域包括支援体制やソーシャルサポートネットワーキングの必要性などについて理解を深めることを目標とする。

①　ソーシャルワークの統合化とジェネラリスト・ソーシャルワークの成立背景を理解する。

②　ジェネラリスト・ソーシャルワークの特徴と基盤を理解する。

③　ジェネラリストの視点と総合的かつ包括的なソーシャルワークのあり方を理解する。

④　地域包括支援体制やソーシャルサポートネットワーキングの必要性を理解する。

1. ソーシャルワークの統合化とジェネラリスト・ソーシャルワーク

（1）ソーシャルワークの統合化

　ソーシャルワークの統合化に関して小松源助は、「まず、専門職としての社会福祉実践活動を包括的・統一的にとらえていくための共通基盤を確立しなおしながら、総体としての方法を特徴づける視点と枠組を確定し、そのうえにたって方法の再編成をはかっていくことをもって統合化とみなしていくというとらえかた」[1] と述べている。ソーシャルワークの統合化の動きは、専門分化し、ばらばらに発達してきたソーシャルワークの各方法を、もう一度一つのソーシャルワークとしてとらえなおそうとした試みであった。ソーシャルワークの

統合化の萌芽は、1920年代のミルフォード会議およびその報告書にケースワークの「ジェネリック」*¹概念が登場したことにはじまるといわれている。そこでは専門分化せず、どのような問題にも対応できるソーシャルワークのあり方が模索された。このとき、相対する概念として「スペシフィック」*²概念が提唱された。その後、「ジェネリック」の専門性は低く、「スペシフィック」は専門性が高いという観念が広がり、専門職としてのソーシャルワークやソーシャルワークの専門性を語るときに、ジェネリック概念は高い専門性とは対極に置かれることも多かった。

*1 ケースワークの各実践分野に共通する援助方法のあり方。ケースワークの一般的な方法。

*2 各実践分野に特有なケースワークの援助方法のあり方。ケースワークの特殊的な内容。

第二次世界大戦後の1955年、全米ソーシャルワーカー協会（NASW）が設立されたことも統合化の大きな要因となっている。それまでばらばらに存在していた専門職団体が統合されたのである。NASWが設立されたことによって、ソーシャルワーカーとしてのアイデンティティが強く意識されることとなった。さらに、イギリスにおいて1968年に、シーボーム報告が提示された。このなかに、あらゆるクライエントを統合的に支援できるソーシャルワーカーの養成の必要性が述べられていた。この概念こそ、統合化に至る考え方を明示したものといえる。

ソーシャルワークの統合化の背景としては、①複雑化、深刻化する社会福祉問題への対応が従来の方法では困難になってきたこと、②ソーシャルワークの各方法が専門分化するにつれて、ソーシャルワークとしての共通性が見出しにくくなったことでソーシャルワークのアイデンティティが揺らいでいたこと、さらに、③ソーシャルワークの理論にシステム理論等が導入されたことなどがあげられる。このような背景のもと、1970年代になってソーシャルワークの統合化の理論が本格的に展開されるようになった。

ソーシャルワークの統合化は段階を追って展開された。統合化以前は、ばらばらにケースワーク、グループワーク、コミュニティ・オーガニゼーション（コミュニティワーク）などが存在し、多くの場合それぞれの専門家によって別々に展開されていた（図9－1－❶）。

統合化のプロセスにおいて、まず、第1段階として最初に展開されたのが、コンビネーション・アプローチ（図9－1－❷）である。これは、一つの支援のなかで、ワーカーが状況に合わせてケースワーク、グループワーク、コミュニティ・オーガニゼーションなどの方法を組み合わせて展開するという段階で、初期の統合化の実践上の形態ということができる。これは、あくまで実践上の展開であり、ソーシャルワークの理論的な統合化が意識されていた訳ではない。しかし、従来のばらばらな方法では、対応しがたいニーズが認識されてきた社会状況が背景にあったものであり、統合化へ向けての最初の一歩となる形態と

なった。

　第2段階として現れてきたの
が、マルチメソッド・アプロー
チ（図9−1−❸）である。
この段階は、単に各方法を組み
合わせて用いるというだけでな
く、3つの方法の共通性を明確
にし、その共通性を基盤として
ソーシャルワークの考え方を確
立し、そのアイデンティティを
見出そうとする試みから生まれ
た。本格的なソーシャルワーク
の統合化はこの段階からはじ
まったといえる。特にソーシャ
ルワーク実践の共通基盤の探求
とその理論化は多くの論者に
よって試みられた。このなかで、
システム理論等が導入され、理
論的基盤が強化されていった。

図9−1　ソーシャルワーク統合化の段階

❶統合前　それぞれ個別に展開

❷第1段階　コンビネーション・アプローチ

❸第2段階　マルチメソッド・アプローチ

❹第3階段　ユニタリー・アプローチ

SW

CW：ケースワーク　Gr.W：グループワーク
Co.O：コミュニケーション・オーガニゼーション
SW：ソーシャルワーク

また、この段階が進むと、共通基盤の明確化のみならず、共通基盤からソーシャ
ルワークをとらえなおし、ソーシャルワーク理論の再構築、さらなる理論化を
行い、3つの方法を統合したソーシャルワークのあり方を追求するようになっ
た。

　第3段階は、ユニタリー・アプローチ（図9−1−❹）といわれるもので、
この段階がジェネラリスト・ソーシャルワークの段階であると考えられる。こ
の段階では、3つの方法が融合し、一体となったものとしてソーシャルワーク
が提示されている。特に理論的基盤としてエコロジカル・パースペクティブ（生
態学的視座）[3]が導入され、その理論構築に寄与した。ケースワーク、グルー
プワーク、コミュニティ・オーガニゼーションという概念は消えて、従来のそ
れぞれの実践は、social work with individuals and families（個人や家族とと
もにするソーシャルワーク）、social work with groups（小集団とともにする
ソーシャルワーク）、social work with communities（コミュニティとともにす
るソーシャルワーク）というレベルや対象のサイズの違いとしてとらえ直され
ることとなった。ユニタリーというのは「単一の」という意味である。ここに、
ソーシャルワークの統合化は完結したということができる。

＊3　システム論的
考え方の発展形であ
り、社会やそこにお
ける人間の生活を、
機械的システム論で
はなく、より複雑な
システムである生態
系の考え方をもって
とらえる見方。

前述のように、統合化の段階とあいまって、その基盤となる理論としてシステム論と生態学理論が導入されたことも、ソーシャルワークの統合化の特徴である。1950年代に展開されはじめた一般システム論は、1960年代よりソーシャルワークの理論に取り入れられるようになった。例えば、ピンカス（Pincus, A.）とミナハン（Minahan, A.）のソーシャルワーク実践における4つのシステム[*4]（チェンジ・エージェント・システム、クライエント・システム、ターゲット・システム、アクション・システム）の考え方などはその典型である。また、いわばシステム論の発展形である生態学の考え方がソーシャルワークに導入されたのも意義深い。これは、メイヤー（Meyer, C.H.）やジャーメイン（Germain, C.）らによるものであるが、その集大成として1980年に出版された『ソーシャルワーク実践におけるライフモデル（Alex Gitterman & Carel. B. Germain）』は、ソーシャルワークにおけるエコロジカル・パースペクティブを確立したといえる。エコロジカル・パースペクティブでは、「人と環境との複雑な交互作用」、「適応」・「ストレス」・「コーピング（対処)」「コンピテンス（対処の能力)」の概念などが導入された。このような、理論基盤の導入によってジェネラリスト・ソーシャルワークは理論上の発展を示すようになった。

＊4　システムとは、相互に影響を及ぼしあう要素と認識可能な境界をもつ単一体もしくは複合体の概念である。

(2) ジェネラリスト・ソーシャルワークの概要とその特徴

1) ジェネラリスト・ソーシャルワークの概要

　ジェネラリスト・ソーシャルワークとは、概ね1990年代以降に確立した現代におけるソーシャルワーク理論の構造と機能の体系であり、統合化以降のソーシャルワークの理論的体系と技術体系に再構築をもたらす概念である。つまり、「実践領域や対象に共通する単なる基礎的、入門的な内容を意味するものではなく、統合化以降のソーシャルワークを構成する知識、技術、価値を一体的かつ体系的に構造化したもの」であり、かつ「必然的に現代ソーシャルワーク理論の特質を反映した概念を意味」[2)]する。

　一般的に、「ジェネラリスト」といえば、「スペシャリスト」の対語として考えられることも多い。スペシャリストというと日本語では「専門家」を意味し、高度な専門性を身につけた人であるという、イメージが強い。その対語として「ジェネラリスト」をとらえると、専門性の低い人というイメージがつきまとう。しかし、「ジェネラリスト・ソーシャルワーク」の意味は、専門性の低いソーシャルワークという意味ではなく、「多様な展開をし、多方面にその機能を発揮するソーシャルワーク」という意味合いでとらえるほうがよい。つまり、「1929年のミルフォード会議（1923-1928年）の報告書で焦点があてられた『ジェネ

リック』の内容とは広い意味では延長線上にあるとはいえ、質的には一線を画す」[3]ものである。そこにおける専門性は決して低いものではなく、ジェネラリストとしての高い専門性を有する必要がある。

　ジェネラリスト・ソーシャルワークの特質および基本的視点としては、①従来のソーシャルワークの３方法の完全融合と実践への適応、②ソーシャルワークを一体としてとらえる理論枠組みを提示したこと、③クライエント主体（主体としてのクライエント本人の強調）、④人と環境との交互作用に焦点を当てること、⑤エコロジカル・パースペクティブを基盤理論とすること、⑥援助過程の考え方の確立、⑦ポジティブなものの見方とその実践の強調などがあげられる[2]。つまり、ジェネラリスト・ソーシャルワークはまったく新しいソーシャルワークの形であるということができる。

　ソーシャルワークの統合化は、単に理論的あるいは理念的に起こったものではなく、社会の進展にともなう社会福祉問題の複雑化、多様化によって展開されているものである。つまり、現代社会における生活が非常に複雑化し、また多様化するなかで、従来のソーシャルワークの枠組みでは、現代の社会福祉問題、すなわち生活問題に対処することが非常に困難になってきたことが、ソーシャルワークの統合化の最も本質的な要因であった。ジェネラリスト・ソーシャルワークは、まさにこのような複雑化、多様化した生活問題に、多角的に対応できるものである。さらに、統合化以前のソーシャルワークは、３つの方法が各々、さまざまな学問体系をいわば借用し、それを基盤に発達してきた。例えば、ケースワークの診断主義派は、リッチモンド（Richmond, M.）の業績を基盤としつつも、フロイト（Freud, S.）の精神分析を実践理論上の支柱に据えて発展してきた。グループワークには、さまざまな展開があるが、やはりグループダイナミクスや教育学等を実践理論の基礎に据えていた。コミュニティ・オーガニゼーションにおいても同様のことがあった。しかし、統合化によって、ソーシャルワークが一体のものであるととらえたときに、その独自の理論枠組みが必要となった。ジェネラリスト・ソーシャルワークにおいては、他の学問領域の借用ではない独自の理論枠組みが提示された。システム理論とその発展系であるエコロジカル・パースペクティブがその理論的基盤となっていることはいうまでもない。

2）ジェネラリスト・ソーシャルワークの特徴

　エコロジカル・パースペクティブは、もちろんジェネラリスト・ソーシャルワークの展開に不可欠なものである。また、ジャーメインらによる「生活（ライフ）モデル」を展開させたことはあまりにも有名である。それまでのケース

ワークをはじめとするソーシャルワークは「医学モデル」に代表されるように、援助者（社会治療者）が、主に主導権をもち、クライエントに働きかけて問題解決を図るという考え方をしていた。エコロジカル・パースペクティブでは、クライエントが環境での適応をめざし、その適応はクライエントの意志や考え、希望等に基づいた形での適応である。このことからも、ジェネラリスト・ソーシャルワークにおいては、ソーシャルワーク実践の主体はソーシャルワーカーではなく、あくまでクライエント、すなわち利用者であるという考え方が強調される。

　また、エコロジカル・パースペクティブを基盤とするジェネラリスト・ソーシャルワークでは、「人と環境との間の交互作用」に焦点が当てられる。交互作用とは、「単なる相互作用ではなく、その状況下で他の相互作用によって影響を受けた相互作用」であり、人は絶えず、環境との交互作用を行い、生活を成立させている。ジェネラリスト・ソーシャルワークにおいては、ソーシャルワークが介入するのも、まさにこの交互作用であり、この交互作用のあり方に注目し、そこに焦点を当てて支援を展開するという考え方をする。

　ソーシャルワークにおいては、リッチモンドの時代から、その援助の展開を一つの道筋に沿って行ってきた。それが援助過程である。診断主義派における援助過程は、一般的に「インテーク→社会調査→社会診断→社会治療→終結」というものであった。ジェネラリスト・ソーシャルワークにおいては、さまざまな援助過程の考え方があるが、一般的に「開始→アセスメント→援助計画→計画の実施（活動）→評価→終結」といった過程をたどると考えられている。たとえどのような過程の考え方をしようとも、この確立された援助過程を中心として実践を展開するのがジェネラリスト・ソーシャルワークの特徴である。

　後に述べる、ジョンソン（Johnson, L.C.）はソーシャルワークの援助の過程を、「成長と変化の過程」であると表現している。従来、ソーシャルワークは社会福祉問題、生活問題を解決する過程であると考えられてきた。つまり、問題のある状態を問題のない状態に導くものであるととらえられていた。また、社会的な病気を「治療」するものとしてとらえられてきた。ジェネラリスト・ソーシャルワークでは、介入するべき状況を「ニーズのある状況」としてとらえ、ソーシャルワークの支援によってニーズを充足するとともに、ポジティブな変化をもたらすと考える。つまり、それが「成長と変化」である。この考え方はICF（国際生活機能分類）の考え方とも共通するものである。また、このポジティブなものの見方は、ストレングス・パースペクティブの強調を導くものである。

　ジェネラリスト・ソーシャルワークは、以上のような特徴をもつ。これらの

特徴は、その展開のあり方を規定していることはいうまでもない。

2．ジェネラリスト・ソーシャルワークの基盤

（1）ジェネラリスト・ソーシャルワークの基盤となる考え方

　ジェネラリスト・ソーシャルワークは、いくつかの基盤となる考え方をもっている。それは、ジェネラリスト・ソーシャルワークの特徴ともいえよう。それは、以下のようなものである。

　まず、第1にさまざまなレベル、分野、技術をもつことである。前述のように、統合化以前のソーシャルワークは、ケースワーク、グループワーク、コミュニティワーク（オーガニゼーション）など、クライエントシステムの大きさごとに方法論が確立されており、ばらばらに存在していたといってよい。ジェネラリスト・ソーシャルワークでは、人々の生活のすべての局面におけるニーズに対応する。ソーシャルワークが対応する範囲、領域のことを「ソーシャルワークのターフ（turf)」というが、このターフは非常に幅広い。そのために、ソーシャルワークは、さまざまなレベル、さまざまな分野、さまざまな技術をもつ必要がある。

　まず、ジェネラリスト・ソーシャルワークにおいては、従来の、ケースワーク、グループワーク、コミュニティ・オーガニゼーション（コミュニティワーク）といった分類は行わず、例えば、「個人（家族）とともにするソーシャルワーク」、「グループとともにするソーシャルワーク」、「コミュニティとともにするソーシャルワーク」等と、ソーシャルワークの対象となる単位が示される。この単位はミクロ・メゾ・（エクソ）・マクロ*5といったレベルで表現される。

　また、ソーシャルワークには、さまざまな分野がある。ジェネラリスト・ソーシャルワークはどのような分野にも共通する支援である。例えば、高齢者福祉施設での支援と子ども虐待への対応は、一見全く異なるように見えるが、支援の考え方自体には差異はない。どのような分野においても、同じ考え方で展開できるのが、ジェネラリスト・ソーシャルワークであるといえる。

　また、ジェネラリスト・ソーシャルワークにはさまざまな技術が使われる。従来のケースワークやグループワーク、コミュニティ・オーガニゼーション（コミュニティワーク）等の技術に加え、チームアプローチや他職種連携など、ネットワークやコーディネーションを中心とした技術など、さまざまな技術が必要に応じて用いられる。しかし、これらの技術は、ばらばらに用いられるわけではなく、一貫した考え方のなかで、体系的に用いられることが特徴である。

*5　ミクロ…直接的対面的接触をとおして相互作用する単位。
メゾ…複数のミクロシステム間の相互作用する単位。
エクソ…当該の個人や小集団などを直接含まないが、そこに影響を与え、相互作用する単位。
マクロ…社会構造や制度、政策などのように、生活のあり方を規定する構造であり、人々の生活と相互作用する単位。

我が国においても、地域を基盤としたソーシャルワークの重要性がいわれているが、地域社会において、複雑な生活状況のなかでニーズを抱える人に対して支援を展開するためには、さまざまなレベルでの支援が必要であり、またさまざまな分野における支援が展開されることが求められる。さらに、さまざまな技術が他職種との協働やチームアプローチのなかで、一貫した体系のなかで活用される必要がある。

　このことは、ソーシャルワークが柔軟にクライエントの現実に対応でき、また、包括的な支援が展開でき、どのようなレベル、分野の支援にも対応できる必要があるということである。ジェネラリスト・ソーシャルワークは、現代のソーシャルワークに必要なこのような柔軟性、包括性、汎用性を備えている。つまり、ジェネラリスト・ソーシャルワークはその全体に貫徹した共通の価値・知識・技術の総体をその核としてもつソーシャルワークの体系であるということができる。このことで、方法や分野を越えた柔軟性、包括性、汎用性という要請に応えることができる。

(2) ソーシャルワークを構成する3つの要素

　ソーシャルワークを構成する3つの要素、すなわち価値、知識、技術はそれぞれ、ソーシャルワーカーのコンピテンシー（支援の対処能力）にかかわるものである。ここではその概要について説明する。

　価値とは、ソーシャルワーカーが基盤とする、支援の基盤となる価値・倫理である。ソーシャルワークには、その職自体がもつ使命（ミッション）がある。これは、対人援助職がもつ特色でもあるが、価値や倫理はそのソーシャルワークの使命と深くかかわるものである。例えば、平和や民主主義、戦争や暴力の否定、生命や人間の尊厳の尊重、人権の擁護等は、現代社会のもつ社会的価値を基盤とする社会福祉の価値や倫理であり、ソーシャルワーカーが支援を展開する際の動機づけとなったり、支援の方向性を得たりする場合の判断の基準となるものである。

　ソーシャルワークの知識は、ソーシャルワーク実践を展開する際に必要な知識の基盤となるものであり、主に科学的知識（社会福祉に関する専門知識と他の学問領域に関するもの）である。それには、単に知識のみならず、ものごとの合理的、科学的な思考が含まれる。この合理的、科学的な思考は、科学的知識の蓄積によってもたらされるものである。多くの大学では、一般教養科目と専門科目を学ぶが、これは専門科目では専門職に必要な専門知識を、一般教養科目では、社会人として必要な合理的、科学的思考を身につけることを目的と

している。これが合わさって、専門職の知識基盤を形成している。もっとも、このような知識は大学や教育機関だけで身につけるものではなく、卒業後のさまざまなOJT（on the job training）や研修、自己研鑽等で習得するものである。さらに、「実践の知」「臨床の知」といわれるような「知」もある。これは、「知識」というより「知恵」と考えればわかりやすい。ソーシャルワーカーが実践のなかで身につけてきた、実践に関する経験知である。

　ソーシャルワークの技術は、広い意味での技術（skill）であり、技法（technique）とは区別されると考えられる。ソーシャルワークの技術には大きく分けて、認知的技術と相互作用技術がある。認知的技術とはアセスメントやプランニングの際に用いる、いわば「状況をとらえる」あるいは支援を「判断する」技術である。かつてのソーシャルワークでは、あまり技術として取り上げられてこなかったものである。相互作用技術は、援助関係をつくり、支援を提供する技術と考えられる。コミュニケーション技術ともいわれるものである。この技術はかつてのソーシャルワークにおいても、広く技術として認識されていたものである。

　このように、価値、知識、技術のソーシャルワークの構成要素はばらばらに存在したり、活用されるのではなく、渾然一体となって、ソーシャルワーカーの能力、資質として存在し、支援のなかで創造的に活用されるべきものなのである。

3. ジェネラリスト・ソーシャルワークの基本概念

　ジェネラリスト・ソーシャルワークは、一定の基準を示しつつも、さまざまな展開を見せている。そのなかで、ジェネラリスト・ソーシャルワークの体系的展開を見せ、さらに精緻化をもたらしたとされるジョンソン（Johnson, L.C.）のジェネラリスト・ソーシャルワークを例にその基本概念を概観する[4]。

　そもそも、生活には「環境からの要求」と「人々の対処」の2つの側面がある。人は、生活をしていくうえで、この2つの側面を結びつけている。これを「社会的機能」という用語であらわす。生活上のニーズに対処するためには、この社会的機能を促進する。それが、ソーシャルワークの取り組みの中核となる。

　ジョンソンは、ジェネラリスト・ソーシャルワーク実践の考察に関する5つの視座として、①「関心・ニーズに応える」、②「専門職」、③「知識・価値・技術の創造的混合」、④「プロセス」、⑤「介入」をあげている。

「関心・ニーズに応えるソーシャルワーク」の視座は、ソーシャルワークがニーズを中心に展開されることを示唆している。また、そのニーズが人々の関心を寄せる事象において生起するものであり、ソーシャルワーカーをはじめとする人々の関心を起点として、ニーズをとらえていくことを示している。

　人間の生活（社会生活）は大変複雑で、生活（社会生活）のなかで現れてくるニーズは多くの局面をもっている。このようなさまざまな複雑なニーズを理解するために、ジョンソンは5つの視座を提示している。それは、①人間の発達の視座、②人間の多様性、③社会システム論、④エコロジカル・パースペクティブ、⑤ストレングス・パースペクティブである。

　人間発達の視座は、そもそも人間は発達する存在であることを認識することである。発達の観点からニーズをとらえることは、発達にとって必要な状況があるかどうか、また発達を妨げるものがないかどうかを把握することにはじまり、発達にとって必要な状況を提供し、発達を妨げているものを取り除くことがニーズに応える手段となる。人間の多様性は、文化や属する社会等の人間の多様な存在のあり方の尊重を示すといえる。社会システム論は、個人の環境である社会のあり方、特に個人と家族、小集団、地域社会、社会との関係性を概念化する方法であり、環境としての社会を考える方法をソーシャルワーカーに提供する。エコロジカル・パースペクティブは生態学的な視座であり、包括的な方法でソーシャルワークに意味づけをし、その展開の意義を示すために重要な視座である。ストレングス・パースペクティブは、従来の医学モデルのように、人やその環境の欠点や問題性だけに目を向けるのではなく、その「強み」に目を向け、その強みを活用するソーシャルワークの展開のあり方を示す。これらの視座は、新しいソーシャルワークの展開になくてはならないものである。

　「専門職」は、一般に①体系的理論、②権威、③社会の承認、④倫理綱領、⑤文化という要件を満たしているとされている。ソーシャルワークはこの要件を満たし、専門職として成立していると考えられる。そのなかでも、ジェネラリスト・ソーシャルワークは伝統的な専門職のモデルとは異なり、公的な専門職として、自己の自律性のなかで完結されるのではなく、機関に所属し、そのなかで公的なコントロールを受けながら存在している専門職であるということができる。従来の医学モデルが考えてきた自律性の高い個人開業的専門職モデルとは一線を画するものである。

　また、前述のようにソーシャルワークの構成要素として、知識（知る方法）、価値（人々や社会に対する態度）、技術（知識を用い実践を導くための方法）があるが、これらはばらばらに存在したり、用いられたりするのではなく、不可分のものであり、創造的に混合されるべきものである。この3つの混合は専

門職として、ソーシャルワーカーの能力、資質として、ソーシャルワーカーが身につけるべきものである。これが、「知識・価値・技術の創造的混合」の視座である。

　ソーシャルワークのプロセス（過程）の考え方が明確に示されていることもソーシャルワーク、特にジェネラリスト・ソーシャルワークの特質である。ソーシャルワークのプロセスは、ニーズ充足（問題解決）過程を指し、論理的合理的に一貫性のある科学的な過程である。それは、論者によってさまざまな展開のあり方が示されているが、その多くが概ね「アセスメント→援助計画→援助活動→終結」と、その全体にかかわる位置にある評価を加えた、5つの要素によって構成されている。ジョンソンはソーシャルワークのプロセスを「成長と変化のプロセス」と位置づけ、「問題を解決するプロセス」という概念よりポジティブな意味づけをしている。これは、ストレングス・パースペクティブの導入などによる。

　人間の交互作用への「介入」としてのソーシャルワークの考え方も、統合化以降のソーシャルワークの大きな特徴である。ジェネラリスト・ソーシャルワークにおいては、ソーシャルワーカーの活動は「介入」として位置づけられる。介入とは、変化を起こす活動であり、その焦点は、人とその環境における交互作用、特に、人と環境が出合う接触面、つまり交互作用の接触面に当てられる。ソーシャルワークの介入によってもたらされるべき変化としては、まず、システム（人の集まり）内の関係の変化があげられる。例えば、社会資源と結びつき新しい人的環境をつくり出し、その人の対人関係のシステムのあり方を変化させる、家族関係の変化などがそれにあたる。

　また、ソーシャルワークは人の社会的機能のストレングスとイネイブリング[*6]に向けられる。ストレングスを活用し、その人のさまざまなニーズ充足への対処能力に変化をもたらし、それを高めることなどが、その目標となる。このことを影響作用（influence）と呼ぶ。ソーシャルワーカーはその専門性を発揮することをとおして、個人やグループ、組織に影響を生み出す。その活動は、例えば、人々を納得に導く、さまざまな障壁を克服する、人々の動機づけを生み出す、人々の態度の変化をもたらすなどである。この際、取り扱うあらゆる状況において、あらゆる人との関係を発展させ、活用するソーシャルワーカーの技術、知識が、その変化の基盤となる。ソーシャルワーカーは、自分たちの基盤と同時に他者（クライエントやその家族、関係者など）の基盤も活用する。この際、ソーシャルワーカーは、クライエントがその影響作用を受けるか受けないかを選択する権利を保障することが重要である。

*6　人に対して働きかけを行い、人が生活における困難を自身の力で解決できるように援助するソーシャルワークの機能。

4. ストレングス・パースペクティブ

　従来のソーシャルワーク、特に医学モデルのように、問題に焦点を当てるのではなく「クライエントの固有性、ストレングスの尊重、プロセスにおけるクライエントとの協働、環境における資源と可能性、成長と幸福に向けた能力の活用」に焦点を当てるのが、ストレングス・パースペクティブである。つまり、「できること」、「強み」に焦点を当てるのである。ストレングス・パースペクティブの基底にある信念は「あらゆる個人、グループ、家族、コミュニティはストレングスをもっている」と、「あらゆる環境には資源がたくさんある」というものである。

　ストレングス・パースペクティブの考え方では、ソーシャルワークは、ニーズの充足を達成すると同時に、将来に焦点を当て、クライエントに成長と変化をもたらし、環境（エコシステム）の新しいバランスをもたらすものである。従来の問題解決志向のソーシャルワークでは、クライエントは自分の手の届かない環境の犠牲者としてとらえられ、その過去や問題に焦点が当てられるのに対して、ストレングス・パースペクティブでは、その焦点は、クライエントの価値や希望、将来の望ましいゴールに当てられる。ソーシャルワーカーは、クライエントに、そのストレングスによって困難ななかでしのぎ、乗り越えることができることを指摘し、発達の可能性に焦点を当て、クライエントを最大限巻き込むことを促進する。

　ストレングス・パースペクティブの貢献としては、①援助過程の焦点が問題に向けられるのではなく、個人やシステムの肯定的変化と成長の可能性に向けられる、②クライエントのストレングスと能力がソーシャルワーカーによって尊重され、価値あるものとみなされ援助過程において資源として活用される、③クライエントが援助過程のすべての側面においてかかわりをもち、最大限の自己決定の機会が提供される、などがあげられる。ストレングス・パースペクティブは、ジェネラリスト・ソーシャルワークにおいて、不可欠な視座である。

　ストレングス・パースペクティブは、従来、人間のストレングスに焦点を当ててきた。しかし、ジェネラリスト・ソーシャルワークにおいては、エコシステム・ストレングス・パースペクティブという考え方も浸透してきている。つまり、環境の強みに焦点を当てるものである。これは、環境のなかのストレングスにも焦点を当て、環境のなかのクライエントの適応に長期的変化をもたらすことにねらいがあるものである。

5．総合的かつ包括的なソーシャルワークの展開

　歴史的に見てわが国の社会福祉は、社会福祉施設等におけるケアや援助を中心に実践が展開され、要保護児童、要介護高齢者、障害者、低所得者といった福祉的なニーズをもつ人たちのための営みとして捉えられてきた。しかし近年は、ノーマライゼーションの理念に基づき、「施設内ケアから地域生活支援へ」と政策も実践も方向転換してきている。また、少子高齢化、家族形態の変容、格差の拡大、雇用の不安定、社会の分断などを背景に、地域課題も多様化・複雑化・複合化してきている。例えば、8050問題、介護と育児のダブルケア、障害者と高齢の親の同居家族の親亡き後問題、ゴミ屋敷や孤立死に見られる社会的孤立、外国籍の子どもたちの未就学問題など、多様な背景やルーツをもつ個人や世帯が、複数のニーズを抱えて生活に行き詰まっているというケースがめずらしくない。そして誰もがこのような生活課題に直面するリスクをもっており、従来の児童、高齢、障害といった対象者ごとの枠組みや単独の支援機関では、地域住民のニーズに対応しきれなくなっている。

　個人や世帯が直面する生活課題は単一のものとは限らず、複数の生活課題が連続して、あるいは同時に発生することも少なくない。例えば、知的障害のある子を在宅でケアし続けてきた親が、加齢にともなって心身機能が低下して介護が必要な状態になったとする。親が若くて元気だった頃は、サービスを利用しなくても親が知的障害の子のケアを担うことで生活が成り立っていたかもしれない。しかし、親が要介護になれば、親の介護は誰が担うのか、親が担ってきた知的障害者のケアは誰が引き受けるのか、という問題が生じてくる。従来であれば、知的障害者の施設入所を支援し、親には介護保険サービスを導入することで問題解決を図ろうとしたであろう。しかしそれは、知的障害者本人が自ら選び取った生活形態、あるいは本人や親が真に望む生活のあり方ではないかもしれない。親子がそれぞれに、あるいは家族として、安心・安全・豊かに暮らすとはどういうことかを親・子と一緒に考え、そのうえで本人や家族の意思や希望に沿った環境への適応をめざしていくことが大切である。そのためにも、障害福祉分野と高齢福祉分野の支援者がバラバラに動いて問題を解決しようとするのではなく、障害分野のネットワークと高齢分野のネットワークが有機的に連携・協働することが必要であろう。

　また、ひとり親家庭の母親が非正規の仕事を続けながら子育てに奮闘するなか、この母親の一人暮らしの父親が認知症になって日常生活支援や見守りが必要になったとする。この母親が、近隣住民との付き合いがなく孤立していると

したら、仕事・子育て・介護の3つの役割を一人でこなそうとするかもしれない。老親・親・子のそれぞれのニーズに対してバラバラに対応するのではなく、3世代全体を視野に入れ、子育て支援・高齢者介護・安定雇用などを保障するためのサービスや支援を導入するとともに、この家族を地域で見守り支えてもらえるような地域への働きかけが望まれる。そして、ひとり親家庭で子育てと仕事を両立させてきた母親のストレングスを活用しながら、将来に希望がもてるよう、継続的な関わりも必要となろう。

　あるいは、父親がリストラによる失業をきっかけにギャンブルにはまって借金をするようになり、持病のある母親も職場の人間関係にストレスを感じて仕事を休みがちになり、発達障害の特性が見られる子どもへのケアが行き届かず、子どもが不登校気味になっているという家庭もある。家族メンバーそれぞれがニーズを抱え、多様な問題が複雑に絡み合って、家族全体としてもうまく機能しなくなっている状態である。このような家族の支援に際しては、医療・メンタルヘルス・雇用・障害福祉・教育などの分野がお互いに連携・協働しなければ、家族の安定した生活を取り戻すことは難しい。家族に働きかけるというミクロレベルの支援だけではなく、母親の職場や子どもの学校など、メゾレベルでの組織への介入も求められるであろう。

　このように生活課題が多岐にわたり、複合しているようなケースが増えるなか、「属性ごと、分野ごとの枠組みのなかで、クライエントの相談に乗って既存の制度やサービスにつなぐ」だけの「矮小化された相談援助」には限界がある。そこで、人々の生活の全ての局面におけるニーズに対応できるジェネラリストの視点が重要となってくる。幅広い現場（福祉・医療・保健・介護・教育・保育・雇用・司法等も含む）において出会う多様なクライエント（個人・家族・集団・組織・地域など）とともに、生活ニーズの充足を図り、クライエントの成長とポジティブな変化に向けて、多職種・多機関とも協働していく。部分だけを切り取るのではなく全体を見る「総合的」な視点、あらゆるニーズや課題をもれなく視野に入れて対応する「包括的」な視点をもつことが求められており、これがジェネラリストの視点に基づく総合的かつ包括的な支援の展開といえるであろう。

6. ジェネラリスト視点に基づく包括的支援体制とソーシャルサポートネットワーキング

　このような状況のなか、厚生労働省は2015（平成27）年9月に「新たな時代に対応した福祉の提供ビジョン」を発表した。このビジョンには、地域をフィー

ルドにあらゆる相談を受け止め、従来の制度の枠に収まらない「狭間のニーズ」をキャッチし、総合的なアセスメントに基づいて支援を調整し、必要な資源を開発したり、福祉拠点を整備したりするなど、多機関・多分野の協働による新しい包括的な相談支援システムを構築することが含まれている。また、2016（平成28）年6月に内閣府が出した「ニッポン一億総活躍プラン」では、子ども・高齢者・障害者などの全ての人々が地域・暮らし・生きがいを共に創り、高め合うことができる「地域共生社会の実現」が謳われている。さらに、2017（平成29）年2月と2020（令和2）年6月の2度にわたって社会福祉法が改正され、地域住民の複雑化・複合化した支援ニーズに対応する市町村の包括的な支援体制の構築がめざされることとなった。より具体的には、①断らない相談支援（属性にかかわらず、地域の様々な相談を受け止め、対応し、繋ぎ、多機関が協働し、継続して支援する機能）、②参加支援（地域資源を活用しながら、社会とのつながりや参加を支援する機能）、③地域づくりに向けた支援（住民同士が出会い・参加する場や機会をコーディネートする機能）に取り組むことが求め

図9-2　地域住民の複雑化・複合化した支援ニーズに対応する市町村の包括的な支援体制の構築の支援

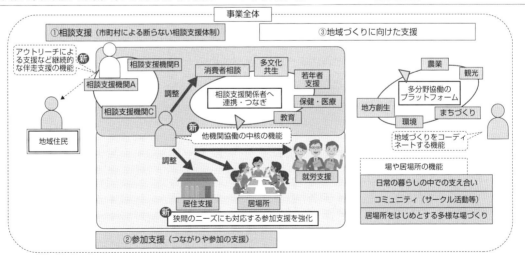

出典　厚生労働省『「地域共生社会」の実現に向けた包括的支援体制の整備のための「重層的支援体制整備事業」の創設について』2020年
　　　https://www.mhlw.go.jp/content/000605987.pdf　（2020年8月5日閲覧）

られている（図9−2）。そして社会福祉士や精神保健福祉士が包括的支援体制の担い手として貢献していかなければならない。

　分野別の福祉施設のなかでケアや支援が完結していた時代には、施設の外で発生しているクライエントのニーズが気づかれない、適切な対応がとられないということも起こっていた。例えば、障害者通所施設において、クライエントが施設を休みがちになったために家族に連絡を取ると、「親が体調不良で通所に付き添えないため、本人は元気だが施設を休ませている」ということがわかる。ところが、通所施設の職員が「私たちは障害者施設の職員だから、家庭のことにまで踏み込んでよいのだろうか。高齢の親にもニーズがあることはわかるが、どう動いたらいいのだろう」と戸惑っていると、支援が先に進まない。障害福祉分野だから障害のことしかわからない、本人のためのサービスだから家族全体を視野に入れることができない、日々の支援をこなすことに精一杯で先を見通すことができないでいると、そのうちに事態が深刻化し、親子が引きこもって孤立してしまうかもしれない。このような場合には、通所施設が障害者相談支援事業所や地域包括支援センターなどと繋がって、親と子のそれぞれのニーズに合ったケアやサービスを提供し（ケアマネジメント）、家族全体を視野に入れた地域支援体制を構築し（ネットワーキング）、障害があっても高齢になっても安心して暮らし続けられるような居場所や支え合いの場を用意する（地域づくり）とともに、新たな地域課題の解決に向けた政策提言などができるとよいだろう。

　ここで重要となるのが、多機関による包括的支援体制という考え方である。どのような相談も断ることなく受け止め、あるいはアウトリーチによってニーズを早期にキャッチして、目の前のクライエントの困り事の解決に終始するのではなく、必要に応じて分野や職種の違いを超えて多機関と連携・協働するという柔軟性やフットワークのよさが求められる。単一の施設や機関だけでは対応しきれない、複合的なニーズをもつクライエントや家族を支援するためには、ソーシャルワーカーが支援を抱え込まず、多機関と積極的に協働することが非常に大切である。

　また、フォーマルな社会資源とインフォーマルな社会資源の協働体制を構築することも求められる。これまでのケアマネジメントでは、介護保険制度や障害者総合支援法などで用意されたサービスに繋ぎ、調整するだけで終わっていることがよく見られた。しかし、実際には近隣住民・知人・ボランティアなどによる日常的なサポートや見守り・声かけなどが、クライエントや家族の生活支援において大きな役割を果たしていることもある。ところが、ホームヘルプサービスの利用をきっかけに、毎日様子を見に来てくれていた近隣住民が遠慮

して来なくなってしまったりする。フォーマルなサービスを導入することで、インフォーマルサポートの担い手が離れていくという、日常の暮らしのなかの支え合いを損なう結果になる。クライエントや家族の地域における安心・安全・豊かな暮らしを支えるためには、もともともっているインフォーマルな社会資源を活用し、フォーマルな社会資源と相まって、一つの大きな支援の輪をつくり上げていくこと、つまりソーシャルサポートネットワーキングの取り組みが重要である。

　先述のように、施設ケアが中心であった時代から、地域ケア（在宅サービスの提供）が進められ、地域包括ケア（多様なサービス・支援の一体的な提供）へと進化してきた。これからは、あらゆる相談をミクロレベルでしっかりと受け止めて、多機関との協働やソーシャルサポートネットワーキングを通して継続的な支援を提供するとともに、「参加支援」「地域づくり支援」といったメゾレベルやマクロレベルの支援にも取り組む、ジェネラリストの視点に基づく総合的かつ包括的なソーシャルワーク実践が求められている。

【学びの確認】

①ソーシャルワークの統合化とジェネラリスト・ソーシャルワーク成立の背景はどのように進んだのでしょうか。

②ジェネラリスト・ソーシャルワークの特徴とは、どのようなことでしょうか。

③ジェネラリストの視点と総合的かつ包括的なソーシャルワークの意義とはどのようなことでしょうか。

④今日、包括的支援体制やソーシャルサポートネットワーキングが必要とされる理由をミクロ、メゾ、マクロのレベルで考えてみましょう。

【引用文献】
1）小松源助「社会福祉実践活動における方法の統合化―その具体化をめぐる課題」『ソーシャルワーク理論の歴史と展開』川島書店　1993年　p.160
2）岩間伸之「講座　ジェネラリスト・ソーシャルワーク 1 」『ソーシャルワーク研究』vol.31　No.1　相川書房　2005年　p.53
3）同上書　p.54
4）L.C.ジョンソン・S.J.ヤンカ著、山辺朗子・岩間伸之訳『ジェネラリスト・ソーシャルワーク』ミネルヴァ書房　2004年

【参考文献】
　厚生労働省『誰もが支え合う地域の構築に向けた福祉サービスの実現：新たな時代に対応した福祉の提供ビジョン』2015年9月17日
　内閣府『ニッポン一億総活躍プラン』2016年6月
　『地域における住民主体の課題解決力強化：相談支援体制のあり方に関する検討会（地域力強化委員会）中間まとめ』2016年12月

第10章 | ジェネラリストの視点に基づく チームアプローチの意義と内容

【学びの目標】

　近年特に福祉・保健・医療の連携や協働が重要とされているが、それはチームアプローチとして対象にかかわることで実践されることが多い。本章においては、まず、連携・協働が必然とされてきた歴史的・社会的背景を概観しつつ、チームアプローチとは何かについて整理をする。そのうえで、ソーシャルワークにおけるチームアプローチの意義を理解し、実際にチームアプローチを行う際に必要なコンピテンシーについて学ぶ。
① チームアプローチとは何かを理解する。
② チームアプローチの意義を理解する。
③ チームアプローチに必要なコンピテンシーを理解する。

1. チームアプローチとは

（1）ジェネラリストの視点に基づくソーシャルワークの機能と業務

　ソーシャルワークが機能する場の一つである医療の場におけるソーシャルワークの実際の業務を見てみる。

　2004（平成16）年3月発行の日本医療社会事業協会（現・日本医療社会福祉協会）の「病院における社会福祉活動推進に関する調査結果報告書」によると、病院に勤務するソーシャルワーカー 2,113名は、平均1日8.5ケースについて個別援助を行っており、その働きかける対象は表10－1のとおりである[1]。

　働きかける対象は、「本人」と「家族」、そしてそれら以上に「関係機関」や「院内スタッフ」であることがわかる。

　さらにソーシャルワーカーの1日の平均業務内容は図10－1のようであった[2]。病院のソーシャルワークは、患者本人・家族以外にも多く働きかける。1日の個別援助以外の業務は49%あり、そのうちの6%はカンファレンスや会

表10-1　ソーシャルワーカーが働きかける対象

	本人	家族	ct 関係	院内スタッフ	関係機関	その他
平　均	3.4 ± 2.8	4.0 ± 2.6	0.2 ± 0.7	7.0 ± 5.8	4.8 ± 4.0	0.3 ± 1.1
最大値	14	14	4	34	22	10

※ctはクライエントの略。
出典　社団法人日本医療社会事業協会発行「病院における社会福祉活動推進に関する調査結果報告書」
http://www.jaswhs.or.jp/images/pdf/houkoku/2004_JASWHS_Chousa.htm　p.24

図10-1　ソーシャルワーカーの１日の平均業務

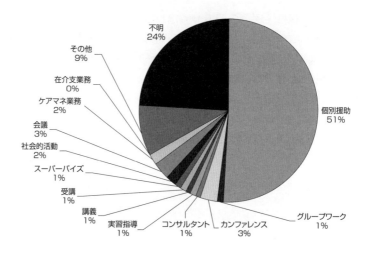

ソーシャルワーカーの1日の平均業務

出典　社団法人日本医療社会事業協会発行「病院における社会福祉活動推進に関する調査結果報告書」
http://www.jaswhs.or.jp/images/pdf/houkoku/2004_JASWHS_Chousa.htm　p.30

議などで占められていることがわかる。

　2017（平成29）年３月から６月における日本ソーシャルワーカー連盟構成４団体（日本ソーシャルワーカー協会、日本医療社会福祉協会、日本精神保健福祉士協会、日本社会福祉士会）および日本社会福祉教育学校連盟（現・日本ソーシャルワーク教育学校連盟）の総会において採択されたソーシャルワーク専門職のグローバル定義の「日本における展開」で取り組みが重視されている項目においても「ソーシャルワークは、人権を尊重し、年齢、性、障がいの有無、宗教、国籍等にかかわらず、生活課題を有する人々がつながりを実感できる社会への変革と社会的包摂の実現に向けて関連する人々や組織と協働する」とされている。また、ジェネラリスト・ソーシャルワークの枠組みからも、ソーシャルワーカーは、①相談援助者、②支援者、③弁護者、④管理者、⑤保護者、⑥仲介者、⑦調停者、⑧ネットワーカー、⑨ケースマネージャー、⑩エデュケー

ターとしての多様な機能を果たさなければならないとされている。

（2）文献でみるチームアプローチ

　「チームアプローチ」とは、文字どおり、ある目的のために協力して行動するグループであるチームが、対象とするものに迫る方法を意味する用語であり、類似語として「多職種連携」という用語がある。

　「多職種連携」とは、松岡によると「質の高いケアを提供するために、異なった専門的背景をもつ専門職が、共有した目標に向けて共に働くこと」[3]とされている。

　「多職種連携」および「チームアプローチ」は、超高齢社会に突入した日本における福祉・保健・医療の実践現場においては不可欠となってきており、その研究も進んでいる。国立情報学研究所の論文検索サービス「CiNii」（サイニィ）において、キーワードを「多職種連携」として検索すると、2008（平成20）年〜2009（平成21）年では130論文、2010（平成22）年〜2011（平成23）年では167論文、2012（平成24）年〜2013（平成25）年では322論文、2014（平成26）年〜2015（平成27）年では432論文、2016（平成28）年〜2017（平成29）年では709論文、2018（平成30）年〜2019（平成31）年では944の発表論文が示され、論文本数の増加が著しいことがわかる。一方で、「チームアプローチ」というキーワードに該当する論文本数はあまり大きな増減は見られず、2014（平成26）年〜2015（平成27）年の2年間の論文本数は123論文であり、2016（平成28）年〜2017（平成29）年では119論文、2018（平成30）年〜2019（平成31）年では96論文であった。

　それらの論文のテーマを見てみると、近年のチームアプローチに関する関心の切り口は、教育分野、医療分野、児童分野、介護分野、障害分野などの多分野にわたり、さらに社会福祉士、看護師、理学療法士、作業療法士、公認心理師、保育士などの多様な専門職の立場から論じられていた。このように、さまざまな切り口はあるが、チームアプローチは、福祉・保健・医療・教育・介護・保育等の現場において重要であることがわかる。

（3）チームアプローチとは

　実際の業務においては、クライエントとの直接的な接触以上に、他職種とかかわることが多い。そのかかわる際の目的や方法やメンバーも多様である。連携・協働といったとき、英語ではcollaborationという訳語となるが、co（共同）

という意味とlabor（働く）という意味が含まれている。すなわち、連携・協働という場合には、ともに機能するという要素を含んだ働き方になる。

　このともに機能する働き方、すなわち多職種連携の具体的なあり方がチームアプローチである。すなわち、ある目的のために協力して行動するグループがチームであり、チームを用いて機能する方法がチームアプローチである。

　文献で見たようにさまざまなチームのあり方が存在するが、チームの形態もまた、表10－2のように、専門職の相互作用性、役割の解放性、専門職の階層性の要素の特徴をもとにマルチディシプリナリ（multidisciplinary）モデル、インターディシプリナリ（interdisciplinary）モデル、トランスディシプリナリ（transdisciplinary）モデルの3つのモデルがあるとされている[4]。

　それぞれのチームは、自分たちのチームがめざす目的に到達する最もよいメンバーや形態を選択的につくりあげていく。

　マルチモデルとは、表10－2にあるように、各専門職が別個の役割を遂行しており、各々の目標も明確でその業務の内容の相互の影響力はそれほど大きくない。逐一連絡を取り合わなくても、お互いの役割を果たしていれば、チームとしての機能が果たされていくことができるようなチームである。専門職の上下の関係性および指示命令系統が比較的明確である。具体的には、心臓の手術が必要な患者に対して、手術を行うために医師が中心となり各専門職に必要な依頼および指示を出すことで、できるだけ少ない経済的負担で、手術前後の医療およびケアを受けることができ、最短の入院期間で治療を終えることができるという例が考えられる。

　インターモデルとは、専門職それぞれが互いの専門的な役割を担いながらも、お互いの果たす働きが重なるところもあり、クライエントを中心にしてチームで支援の目的を共有しながら密接に連絡・協議を行い、支援を進めていくようなチームのあり方である。脳血管障害患者などのリハビリテーションチームにおいては、医師、看護師、理学療法士、作業療法士、言語聴覚士、社会福祉士、介護支援専門員などが、各々の役割を果たしつつも、得た情報や評価などはす

表10-2　チームワーク形態モデルの特徴

	専門職の相互作用性	役割の解放性	専門職の階層性
マルチモデル	小	無	有
インターモデル	大	部分的にあり	無
トランスモデル	大	有	無

出典　松岡千代「多職種連携のスキルと専門職教育における課題」『ソーシャルワーク研究』vol.34　No.4　2009年　p.42

べて患者の障害や疾病を抱えて営む生活をどう再設計していくかという方針に
かかわる重要な情報として共有しつつ、よりよい支援に活かさなければならな
い。生活に影響を及ぼす情報は、統合されて当事者の支援に用いられなければ
ならず、相互作用性は大きく、指示命令系統はあいまいでフラットな関係とな
る。

　トランスモデルとインターモデルとの違いはその役割の開放性の程度にある
とされており、トランスモデルではチームメンバーの役割の開放度が高い。在
宅の障害者や難病者の生活を維持するために、当事者・家族・ボランティアも
チームの一員と考え、専門職間や専門職と非専門職間においても、ときとして
役割の解放や交代が生じる。これは現実に必要なサービスをどう提供するかと
いう視点から生じている。

　多様な専門職種および非専門職と同じクライエントを支援していく機会に
は、組織に所属して働く場合はもちろんのこと、生活を支える支援の場合には
必ず遭遇する。その場合に、自分自身の役割を把握し、またそのチームのあり
方に応じた連携の方法を実行することが、よりよい支援につながっていく。

2. チームアプローチの歴史的・社会的背景

　次に多職種連携・チームアプローチが重要といわれるその背景について考え
たい。大きくは、社会のしくみの変化と、専門職の変化という2つの視点から
考える。

（1）社会のしくみの変化とチームアプローチ

　社会のしくみの変化を、社会を構成する人間の有り様の変化と人間を取り巻
く環境の変化であるとここではとらえる。もちろん人間と環境との関係性の変
化も社会のしくみの変化といえる。

　これらの関係を一体化してとらえ、広井は表10－3のようにまとめてい
る[5]。

　広井によると、まず第1相「感染症」の段階では、健康障害の原因は、病原
菌や都市環境の衛生といったものであり、「公衆衛生」施策が医療の中心であっ
た。この第1相から第2相への健康転換は、死因の第1位が結核から脳卒中に
代わった1951（昭和26）年、ないしは死因の上位3として「悪性腫瘍、心臓病、
脳卒中」がそろった1960年前後に起こったとされる。第2相から第3相への転

表10−3　健康転換と対応システム

健康転換	対応システム	（参考）供給体制
第1相　感染症 ↓	公衆衛生施策（←税）	（開業医中心）
第2相　慢性疾患 ↓	医療保険制度	病院中心：医療＆施設 ↓　　↓
第3相　老人退行性疾患	高齢者の医療・福祉を統合した独立のシステム	福祉＆在宅

出典　広井良典『ケアを問い直す―「深層の時間」と高齢化社会―』筑摩書房　1997年　p.109

換は、入院患者全体に占める65歳以上の高齢者の割合が4割を超えた1985（同60）年前後ではないかとされている。

　高齢者は加齢にともなう生物本来のメカニズムとして、身体生理機能が不可逆的に低下していき、したがって成人の慢性疾患に想定されるような「治療」は困難であり、疾病によって生じた「障害」を抱えつつ残された機能を最大限に生かして生活の質を高めていくことが求められるのである。

　わが国は、2019（令和元）年10月段階で高齢化率28.4％、15歳未満人口12.1％である。出生数は今後も減少が続くとされ、2019（同元）年の出生数は86.4万人と90万人を割り込んだ（厚生労働省「人口動態統計」）。

　このような状況のもと、制度政策の大きな転換が図られ、現在では厚生労働省により在宅医療・介護の多職種連携が推進されている。団塊世代が75歳以上となる2025（令和7）年を目途として、医療と介護の両方を必要とする要介護高齢者が、住み慣れた地域で自分らしい暮らしを続けることができるように地域包括ケアシステムの構築が進められている。そこでは、地域の医療と介護の関係機関が連携して、包括的・継続的な在宅医療と介護を「一体的に提供できる体制」がつくられることが必要とされており、医療と介護の多職種連携が必須であるとされている[6]。

　さらに厚生労働省においては、改革の基本コンセプトとして「地域共生社会」の実現を掲げ、「ニッポン一億総活躍プラン」（平成28年6月2日閣議決定）や、「『地域共生社会』の実現に向けて（当面の改革工程）」（平成29年2月7日厚生労働省「我が事・丸ごと」地域共生社会実現本部決定）に基づいて、その具体化に向けた改革を進めている[7]。

　以上のように、社会を構成する人の健康ニーズの変化に応じて、環境が変化し、その相互作用の促進に携わる職種や業務の内容、さらに働く場も変化してきた。それは、予防、治療、リハビリテーション、ケアが、回復の過程に向かっ

ての時間的な経過に沿って進んでいき、治癒に向かい健康を回復し日常の生活に復帰する、という図式が一部の人々にしか当てはまらなくなったことを意味する。そして、慢性疾患の治療や障害に対してのケアを受けつつ日常の生活を営んでいく人々を想定したシステムが必要となってきた。それらの人々は容易に健康状態・心身機能の変化を来たしやすく、自ずと多様な専門職がかかわる必要性が生じる。

（2）専門職の変化とチームアプローチ

　福祉・保健・医療の現場におけるチームアプローチにおいて、影響を及ぼすものに、専門職の変化がある。チームアプローチが協働の具体的な方法であるとすれば、協働する構成員に影響を及ぼす。

　社会のしくみの変化により、福祉・保健・医療に従事する専門職同士が協働する場面が増えてきた。例として病院においては医療法の改正による病院の機能分化が進んだ結果、病院間の連携や病院と地域の診療所との連携のスムーズさが求められ、地域医療連携部門や退院支援部門が設けられていることが多くなってきている。そこには、医師、看護師、社会福祉士、事務職などが配置されていたりする。さらに介護保険制度に基づき地域には介護予防マネジメントを行う地域包括支援センターが設置されている。ここには社会福祉士、保健師（看護師）、主任介護支援専門員が配置され、地域に密着した支援・相談を行っている。

　いずれにせよ、一定の機能を果たす目的で設置された部署に異なった専門職が複数配置されることになった。もちろん、病院などのように多様な職種が協働で機能を果たすという組織は、かなり以前から存在している。

　専門職という観点から見てみると、医師が法的に位置づけられたのは1906（明治39）年の「医師法」であった。助産師は古くは「産婆規制」として1890（明治23）年に規定され、看護師は、1915（大正４）年に「看護婦規制」において法的根拠をもつようになり、保健師は1941（昭和16）年の「保健婦規制」で規定された。薬剤師は1874（明治７）年に「医制」のなかで薬舗主（薬剤師）として調剤権が付与され、1925（大正14）年には「薬剤師法」において薬剤師として規定された。

　第二次世界大戦後の1948（昭和23）年に新しい医療法が制定され病院の近代化が図られた。近代化された病院では、医療・看護・検査などの各専門分野を担う医療従事者が協働することが想定されており、医療従事者の質の向上の必要のため1948（昭和23）年に「保健婦助産婦看護婦法」が制定された。

1958（昭和33）年に「臨床検査技師等に関する法律」が制定され、1965（昭和40）年には「理学療法士及び作業療法士法」により理学療法士・作業療法士が国家資格化され、さらに1987（昭和62）年には「社会福祉士及び介護福祉士法」により社会福祉士・介護福祉士が国家資格化された。1997（平成9）年の「精神保健福祉士法」では精神保健福祉士が国家資格化された。

　以上の国家資格化の流れと平行して、保健医療分野でソーシャルワークを行う医療ソーシャルワーカーも職業として育ってきた。すなわち、戦後連合国軍総司令部（GHQ）公衆衛生福祉局の主導のもとで、「保健所法」が1947（昭和22）年に制定され、医療社会事業員として保健医療分野でソーシャルワークを行う職種として保健医療施設に根づいてきており、その結果、1958（昭和33）年には旧厚生省から「保健所における医療社会事業の業務指針について」が示され、1989（平成元）年には旧厚生省より「医療ソーシャルワーカー業務指針」が示された。

　2002（平成14）年には改正された「医療ソーシャルワーカー業務指針」において、医療ソーシャルワーカーは社会福祉学を基に専門性を発揮すると整理され、2006（平成18）年には病院・診療所が社会福祉士養成の実習施設に認められた。

　また、2008（平成20）年の診療報酬改定で、「退院調整加算」と「後期高齢者退院調整加算」が新設され、社会福祉士が保健医療専門職とともに退院支援を実施することで診療報酬が得られることとなり、その後の改定においても加算の種類の増加や点数の増加がなされてきている。

　以上、福祉・保健・医療の分野の資格を概観したが、さまざまな教育背景をもった専門職が協働して支援を行う必要がある時代となってきた。前述した多様なチームワーク形態モデルが存在し、専門職は自らの専門的な知識・技術のみならず、多職種連携のための技法も効果的な支援のためには必要となってきた。すなわちチームアプローチの技法を身につける必要性が生じてきたのである。

3. ソーシャルワークにおけるチームアプローチの必要性

（1）チームアプローチはなぜ必要か

　人は3つのLifeを同時に生きている。すなわち、生命体としての「命」を生き、社会的存在としての「生活」を生き、さらには自分自身の存在を価値づける過

程である「人生」を生きている。どのような状況であろうとも、人間は同時に「命」と「生活」と「人生」を生きており、それらは相互に深く関係しあっている。このような人間存在を、３つのLifeを同時に生きる存在として理解したうえで、それぞれのLifeを主体的に生きていくのは本人であることを自明のこととしてわきまえておく必要がある。

　前節においてさまざまな専門職が存在していることを学んだが、人間存在を全人的に支えるためには、それぞれのLifeを支える専門職がチームでかかわる必然性が存在する。また一方で、Lifeのとらえ方により職種を分けるのではなく、一つの専門職がすべてのLifeを支える必要があるのではないかという問いも存在する。例えば、１人の医師が、「命」の質の向上にかかわり、さらに「生活」が成り立つように支え、生きる意味についてどう考えるかについても示唆するということは、濃密な支援の時間が与えられていれば可能な時代もあったであろう。しかし現代のように、職種が専門分化し、技術が進歩し、複雑に入り組んだ制度下ではほぼ不可能である。

　そこで、専門職は、それぞれの専門性を発揮して、それぞれのLifeを支えることをもっぱら行うが、同時に人間は３つのLifeを同時に生きていることを理解しつつ、自分たちがそれらにどのように影響を与えているのか、また影響を及ぼしあっているのかを測りつつ、人間のLifeを支援していくことが求められている。そのためにはチームアプローチの質を高めることが必要不可欠となる。

（2）ソーシャルワークとチームアプローチ

　ソーシャルワークとは、人と環境との接点に生じた問題に介入し、その視点は人と環境の両者の関係性に向いており、主体的存在である人間が「命」、「生活」、「人生」を生きるに際しての「さしさわり」の解決をめざすが、その介入の最終の目的とするところは社会生活機能の向上である。したがって、介入する対象は人の場合もあるし、環境の場合もあるし、両者の関係性そのものの場合もある。

　このような性質をもつソーシャルワークは、ソーシャルワーカーをもまた環境のなかに存在する一つの資源であるとする。環境の一資源でありながら、自らを活用して環境を変えようとする存在である。そういう性質をもっているソーシャルワークは、協働で支援している他職種をも支援のための資源とみなし、支援環境を質の高いものにしていこうとする性質をもつ。

　チームアプローチの形態が、マルチモデルであれ、インターモデルであれ、トランスモデルであれ、主体的存在である人間が「命」、「生活」、「人生」を生

きるに際しての「さしさわり」の解決をめざすためには、協働で支援する専門職すべての働きの質を高め、意味のある連携を行うためにチームの一員であるソーシャルワーカーが、ジェネラリストの視点をもちチームアプローチの質を向上するためのキーパーソンとして機能する必要がある。

（3） チームアプローチの実際と方法

チームアプローチもソーシャルワーカーの介入によりその質を高めることが可能である。ここで実際に筆者が体験した腎移植医療におけるチームアプローチの発展の経過を見てみたい。

1） 第1期

この時期には、特に腎移植担当のソーシャルワーカーが決まっておらず、患者および家族が医師からの紹介ではなく直接相談室を訪れての相談が多かった。訴えられる相談内容は、移植患者に特有のことではなく、慢性疾患を患う者に共通の仕事の相談や生活費の相談が多かった。援助内容も制度や資源の紹介が中心で比較的短期間で援助が終わっていた。

しかし、その間、移植者との数少ないが密度の濃い援助を通して、移植者とその家族、またドナー*1をめぐるさまざまな心理社会的な生活課題*2があることが、ソーシャルワーカーのみならず、担当の医師、看護師で共有されるようになり、移植前からチームでかかわることの重要性が認識されてきた。

具体的には献じん移植*3の後、移植腎の機能に問題がないにもかかわらず、自分の生が他の人の死を踏み台に存在することの意味を見出せず苦しむ患者の、まさに3つのLifeを統合的に生きることの苦しみに、ソーシャルワーカーとしてかかわることができた。移植医療を受ける場合は、亡くなった人の臓器を移植してまで生きる、自分にとっての意味と、臓器を提供していただいた方への思いを整理して、主体的に移植医療を選びとられることが必要であるということ、また、術前には、移植後に自分が亡くなられた方の臓器を提供されたことに対してどのような思いを抱くことになるのか想像することに限界があるので、術後もそのことへの配慮を怠ってはいけないことについてチームとして学びを深めていくことができた。

また、移植して、腎不全になる前の健康体としての自分に戻るのではなく、長期間免疫抑制剤を服用しつつ合併症や副作用と付き合う「移植者」としての体と心を抱え、生活の再構築という作業に長期間かけて取り組む必要があることへの理解もチームで共有していった。

*1 臓器移植をする際に、臓器や組織の一部を提供する人。
*2 生活する主体者が達成する必要があるタスク（目標、課題）。
*3 献じん移植とは、心停止後の献じんによる死体腎移植を意味する。

　生体腎移植[*4]の場合は、返すことが可能な物のやり取りではなく、返すことができない臓器を提供されたり提供したりするため、そのことがさまざまな人間関係上の変化を起こす場合があった。

　以上のような気づきは、そのほとんどが移植を体験されたドナーとレシピエント[*5]、さらに家族から学ぶことができたことであり、そしてそれらを医師、看護師、ソーシャルワーカーが共有していくなかで、新たなかかわりの必要性についての理解が生まれてきた。

2）第2期

　積極的にソーシャルワーカーもチームに入り、腎移植患者やドナー、そして家族にかかわる必要性が、ソーシャルワーカーのみならず医師、看護師にも理解されるようになってきた。

　献じん移植に関しては術後できるだけ早く、また生体腎移植に関しては、移植のため相談に外来に来られて医学的に移植が可能であるとなった時点で、ソーシャルワーカーのところに紹介されるようになった。また、患者や家族に関する心理社会的情報を、移植チーム全員で共有することの重要性も次第に認識され、術前カンファレンスにソーシャルワーカーも同席するようになってきた。

3）第3期

　この時期にはチームアプローチとしてソーシャルワーカーのかかわりについて以下のことがなされるようになった。
①できるだけ早期に患者およびドナー候補者や家族をソーシャルワーカーに紹介する。
②ソーシャルワーカーが患者、ドナー、家族に術前の面接からはじまり術後の生活安定にいたるまでの長期継続援助を行う。
③移植チームで適宜情報を共有する。
④情報をふまえて、それぞれの専門性を活かした援助を行う。
⑤移植チームで術前・術後カンファレンスを実施する。

　以上のように医療と福祉の協働がなされ、そして、それが良い意味で患者の術後の「参加」「活動」レベルを上げ、「主体的に」移植医療を選択されることへの保障を促した。

　以上のチームアプローチの実際例を参考に、ソーシャルワーカーがとった方法をまとめると、第1に、一つひとつの個別事例に対してソーシャルワークを丁寧に行う。第2に、個別事例にかかわる関係職種に、それぞれの職種の専門

*4　生体腎移植とは、人体には腎臓が2つあることから健康な生きている提供者からの移植を意味する。

*5　臓器移植をする際に、臓器や組織の一部を受け取る人。

的な援助に資する情報を提供する。第3に、ソーシャルワークの役割と機能に関して他職種に理解してもらうために個別事例を通して説明する。第4に、ソーシャルワーカーでも他職種でもできるところは両方で行ってその成果を共有する。もしくは話し合いによりどの職種が行うか決めておく。第5に、チームメンバー相互間でのコンサルテーション*6は積極的に行う。第6に、チーム全体での支援の質が向上することをめざす。第7にカンファレンスの参加を求められれば参加し、積極的に役に立つ情報を提供し、気になる点をチームメンバー間で話し合うようにする。第8に、それぞれの専門職と患者との関係性がより密になるようにソーシャルワークの機能を果たす、などであった。

4．チームアプローチの質の向上のための条件

　連携は1970年代より40年近くも課題とされ、さらに院内から地域へと領域が広がり関わる専門職が増加し、より複雑な技法が求められるようになった。すなわち連携は、現在では、「地域包括ケアシステム構築」というシステム構築が国の政策で進められ、「地域共生社会」というコンセプトのもと、国民的なテーマにまで発展し、専門職のみならず当事者や近隣住民もそのメンバーの一員として参加することが求められている[8]。

　2012（平成24）年11月から2016（同28）年3月まで日本保健医療福祉連携教

図10-2　協働的能力としての多職種連携コンピテンシーモデル

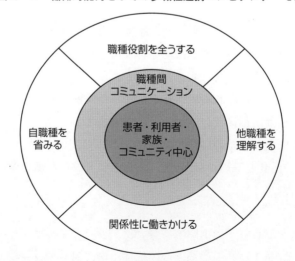

出典　多職種連携コンピテンシー開発チーム「医療保健福祉分野の多職性連携コンピテンシー Interprofessional Competency in Japan」 2016年

育学会において多職種連携を行うための職種を超えた共通のコンピテンシーを明確にするための研究が「多職種連携コンピテンシー開発チーム」によって取り組まれた。その成果として、図10－2「協働的能力としての多職種連携コンピテンシーモデル」が示された。そのモデルではコア・ドメインとして、「患者・利用者・家族・コミュニティ中心」と「職種間コミュニケーション」を設定し、それらのコア・ドメインを支え合う4つのドメインである、「職種としての役割を全うする」、「関係性に働きかける」、「自職種を省みる」、「他職種を理解する」が示された[9]。

　これらのコンピテンシーを前提として、さらに実践において付け加えるとすれば、各専門職が自らの専門的な役割と機能に関する知識を理解しそれを実行する能力を磨くことにプラスして、自分自身の力量に関する理解も必要である。また、職種間コミュニケーションの質を向上させるために、情報の交換や共有のための時間と手段を確保することも必要である。そのためには情報の交換と共有の重要性をチームメンバーがわかっていなければならない。加えて自分の意見や考えを専門の異なるメンバーに伝えて理解させるためのコミュニケーション力が必要である。チームメンバー同士のコンフリクト（葛藤）をマネジメントする力量も必要であるが、そのためにはコンフリクトが生じることの意味を理解し、その対処方法についての知識が必要であり、さらにその処理をする方法を身につける必要がある。このコンフリクト・マネジメントは組織に所属して機能する職種にとっては身につけるべき知識であり技法である。

　異なる専門性をもつ職種が複数集まって協働するとなると、専門職の自律性を確保することにおいての競合が生じ、意図・関心が異なっていれば相互理解も難しい場合が生じる。特に、役割が開放されたインターモデルやトランスモデルにおいては、コンフリクトが生じやすいといえる。役割があいまいなグレーゾーンが存在し、コミュニケーションがうまく図られない場合は、どの職種もかかわらなかったために支援の空白が生じるかもしれない。コンフリクトは不可避であり、チームアプローチを行うためには必ずそれを適切に管理することが大切である。そのためにはコンフリクトの原因分析を行い、個人レベルで生じているのか、それぞれの職種が所属する組織の問題がからんでいるのか、チームにおけるコミュニケーションレベルで生じているのかなど、その原因に応じての適切な対処を行う必要がある。

　ソーシャルワークにおいてチームアプローチを成功させることは多くの環境を改善できることにつながる。そのためにも、ソーシャルワーカーはチームアプローチを成功に導くための努力を惜しんではならない。

【学びの確認】

①チームアプローチとはどのようなものでしょうか。

②ソーシャルワークにとってチームアプローチはなぜ必要なのでしょうか。

③ジェネラリストの視点に基づくチームアプローチを行う際に必要な知識や方法とはどのようなものでしょうか。

【引用文献】

1）日本医療社会事業協会「病院における社会福祉活動推進における調査結果報告書」
2003年度版
http://www.jaswhs.or.jp/images/pdf/houkoku/2004_JASWHS_Chousa.htm　p.24

2）日本医療社会事業協会「病院における社会福祉活動推進における調査結果報告書」
2003年度版
http://www.jaswhs.or.jp/images/pdf/houkoku/2004_JASWHS_Chousa.htm　p.30

3）「TRUE COLORS」ホームページ
http://truecolorsjapan.jp/for-helpers/ipw/　2016年9月1日閲覧

4）松岡千代「多職種連携のスキルと専門職教育における課題」『ソーシャルワーク研究』
vol.34 No.4 2009年　p.42

5）広井良典『ケアを問いなおす―「深層の時間」と高齢化社会―』筑摩書房　1997年　p.109

6）厚生労働省老健局老人保健課「在宅医療・介護連携推進事業について」　2019年
https://www.mhlw.go.jp/file/05-Shingikai-10901000-Kenkoukyoku-Soumuka/
0000131928.pdf.

7）厚生労働省「『地域共生社会』の実現に向けて」　2020年
https://www.mhlw.go.jp/stf/seisakunitsuite/bunya/0000184346.html

8）社会保障審議会福祉部会福祉人材確保専門委員会「ソーシャルワーク専門職である社
会福祉士に求められる役割等について」　2018年
https://www.mhlw.go.jp/file/05-Shingikai-12601000-Seisakutoukatsukan-Sanjika
nshitsu_Shakaihoshoutantou/0000199560.pdf

9）多職種連携コンピテンシー開発チーム「医療保険福祉分野の多職種連携コンピテンシー
Interprofessional Competency in Japan」　2016年
http://www.hosp.tsukuba.ac.jp/mirai_iryo/pdf/Interprofessional_Competency_in_
Japan_ver15.pdf

【参考文献】

太田義弘・秋山薊二編著『ジェネラル・ソーシャルワーク』光生館　2002年

田中千枝子『保健医療ソーシャルワーク論』勁草書房　2008年

社団法人日本社会福祉士会・日本医療社会事業協会編『保健医療ソーシャルワーク実践
1～3』中央法規出版　2004年

桑田耕太郎・田尾雅夫『組織論』有斐閣アルマ　2002年

ソーシャルワーカーの倫理綱領

2020 年 8 月 3 日　日本ソーシャルワーカー協会承認

前　　文

　われわれソーシャルワーカーは、すべての人が人間としての尊厳を有し、価値ある存在であり、平等であることを深く認識する。われわれは平和を擁護し、社会正義、人権、集団的責任、多様性尊重および全人的存在の原理に則り、人々がつながりを実感できる社会への変革と社会の包摂の実現をめざす専門職であり、多様な人々や組織と協働することを言明する。

　われわれは、社会システムおよび自然的・地理的環境と人々の生活が相互に関連していることに着目する。社会変動が環境破壊および人間疎外をもたらしている状況にあって、この専門職が社会にとって不可欠であることを自覚するとともに、ソーシャルワーカーの職責についての一般社会及び市民の理解を深め、その啓発に努める。

　われわれは、われわれの加盟する国際ソーシャルワーカー連盟と国際ソーシャルワーク教育学校連盟が採択した、次の「ソーシャルワーク専門職のグローバル定義」（2014 年 7 月）を、ソーシャルワーク実践の基盤となるものとして認識し、その実践の拠り所とする。

> **ソーシャルワーク専門職のグローバル定義**
>
> 　ソーシャルワークは、社会変革と社会開発、社会的結束、および人々のエンパワメントと解放を促進する、実践に基づいた専門職であり学問である。社会正義、人権、集団的責任、および多様性尊重の諸原理は、ソーシャルワークの中核をなす。ソーシャルワークの理論、社会科学、人文学、および地域・民族固有の知を基盤として、ソーシャルワークは、生活課題に取り組みウェルビーイングを高めるよう、人々やさまざまな構造に働きかける。
>
> 　この定義は、各国および世界の各地域で展開してもよい。
>
> （IFSW：2014.7）　　※注1

　われわれは、ソーシャルワークの知識、技術の専門性と倫理性の維持、向上が専門職の責務であることを認識し、本綱領を制定してこれを遵守することを誓約する。

原　　理

Ⅰ （人間の尊厳）ソーシャルワーカーは、すべての人々を、出自、人種、民族、国籍、性別、性自認、性的指向、年齢、身体的精神的状況、宗教的文化的背景、社会的地位、経済状況などの違いにかかわらず、かけがえのない存在として尊重する。

Ⅱ （人権）ソーシャルワーカーは、すべての人々を生まれながらにして侵すことのできない権利を有する存在であることを認識し、いかなる理由によってもその権利の抑圧・侵害・略奪を容認しない。

Ⅲ （社会正義）ソーシャルワーカーは、差別、貧困、抑圧、排除、無関心、暴力、環境破壊などの無い、自由、平等、共生に基づく社会正義の実現をめざす。

Ⅳ （集団的責任）ソーシャルワーカーは、集団の有する力と責任を認識し、人と環境の双方に働きかけて、互恵的な社会の実現に貢献する。

Ⅴ （多様性の尊重）ソーシャルワーカーは、個人、家族、集団、地域社会に存在する多様性を認識し、それらを尊重する社会の実現をめざす。

Ⅵ （全人的存在）ソーシャルワーカーは、すべての人々を生物的、心理的、社会的、文化的、スピリチュアルな側面からなる全人的な存在として認識する。

倫 理 基 準

Ⅰ．クライエントに対する倫理責任

1. （クライエントとの関係）ソーシャルワーカーは、クライエントとの専門的援助関係を最も大切にし、それを自己の利益のために利用しない。

2. （クライエントの利益の最優先）ソーシャルワーカーは、業務の遂行に際して、クライエントの利益を最優先に考える。

3. （受容）ソーシャルワーカーは、自らの先入観や偏見を排し、クライエントをあるがままに受容する。

4. （説明責任）ソーシャルワーカーは、クライエントに必要な情報を適切な方法・わかりやすい表現を用いて提供する。

5. （クライエントの自己決定の尊重）ソーシャルワーカーは、クライエントの自己決定を尊重し、クライエントがその権利を十分に理解し、活用できるようにする。また、ソーシャルワーカーは、クライエントの自己決定が本人の生命や健康を大きく損ねる場合や、他者の権利を脅かすような場合は、人と環境の相互作用の視点からクライエントとそこに関係する人々相互のウェルビーイングの調和を図ることに努める。

6. （参加の促進）ソーシャルワーカーは、クライエントが自らの人生に影響を及ぼす決定や行動のすべての局面において、完全な関与と参加を促進する。

7. （クライエントの意思決定への対応）ソーシャルワーカーは、意思決定が困難なクライエントに対して、常に最善の方法を用いて利益と権利を擁護する。

8. （プライバシーの尊重と秘密の保持）ソーシャルワーカーは、クライエントのプライバシーを尊重し秘密を保持する。

9. （記録の開示）ソーシャルワーカーは、クライエントから記録の開示の要求があった場合、非開示とすべき正当な事由がない限り、クライエントに記録を開示する。

10. （差別や虐待の禁止）ソーシャルワーカーは、クライエントに対していかなる差別・虐待もしない。

11. （権利擁護）ソーシャルワーカーは、クライエントの権利を擁護し、その権利の行使を促進する。

12. （情報処理技術の適切な使用）ソーシャルワーカーは、情報処理技術の利用がクライエントの権利を侵害する危険性があることを認識し、その適切な使用に努める。

Ⅱ．組織・職場に対する倫理責任

1. （最良の実践を行う責務）ソーシャルワーカーは、自らが属する組織・職場の基本的な使命や理念を認識し、最良の業務を遂行する。

2. （同僚などへの敬意）ソーシャルワーカーは、組織・職場内のどのような立場にあっても、同僚および他の専門職などに敬意を払う。

3. （倫理綱領の理解の促進）ソーシャルワーカーは、組織・職場において本倫理綱領が認識されるよう働きかける。

4. （倫理的実践の推進）ソーシャルワーカーは、組織・職場の方針、規則、業務命令がソーシャルワークの倫理的実践を妨げる場合は、適切・妥当な方法・手段によって提言し、改善を図る。

5. （組織内アドボカシーの促進）ソーシャルワーカーは、組織・職場におけるあらゆる虐待または差別的・抑圧的な行為の予防および防止の促進を図る。

6. （組織改革）ソーシャルワーカーは、人々のニーズや社会状況の変化に応じて組織・職場の機能を評価し必要な改革を図る。

Ⅲ．社会に対する倫理責任

1. （ソーシャル・インクルージョン）ソーシャルワーカーは、あらゆる差別、貧困、抑圧、排除、無関心、暴力、環境破壊などに立ち向かい、包摂的な社会をめざす。

2. （社会への働きかけ）ソーシャルワーカーは、人権と社会正義の増進において変革と開発が必要であるとみなすとき、人々の主体性を活かしながら、社会に働きかける。

3. （グローバル社会への働きかけ）ソーシャルワーカーは、人権と社会正義に関する課題を解決するため、全世界のソーシャルワーカーと連帯し、グローバル社会に働きかける。

Ⅳ．専門職としての倫理責任

1. （専門性の向上）ソーシャルワーカーは、最良の実践を行うために、必要な資格を所持し、専門性の向上に努める。

2. （専門職の啓発）ソーシャルワーカーは、クライエント・他の専門職・市民に専門職としての実践を適切な手段をもって伝え、社会的信用を高めるよう努める。

3. （信用失墜行為の禁止）ソーシャルワーカーは、自分の権限の乱用や品位を傷つける行いなど、専門職全体の信用失墜となるような行為をしてはならない。

4. （社会的信用の保持）ソーシャルワーカーは、他のソーシャルワーカーが専門職業の社会的信用を損なうような場合、本人にその事実を知らせ、必要な対応を促す。

5. （専門職の擁護）ソーシャルワーカーは、不当な批判を受けることがあれば、専門職として連帯し、その立場を擁護する。

6. （教育・訓練・管理における責務）ソーシャルワーカーは、教育・訓練・管理を行う場合、それらを受ける人の人権を尊重し、専門性の向上に寄与する。

7. （調査・研究）ソーシャルワーカーは、すべての調査・研究過程で、クライエントを含む研究対象の権利を尊重し、研究対象との関係に十分に注意を払い、倫理性を確保する。

8. （自己管理）ソーシャルワーカーは、何らかの個人的・社会的な困難に直面し、それが専門的判断や業務遂行に影響する場合、クライエントや他の人々を守るために必要な対応を行い、自己管理に努める。

注1．本綱領には「ソーシャルワーク専門職のグローバル定義」の本文のみを掲載してある。なお、アジア太平洋（2016年）および日本（2017年）における展開が制定されている。

注2．本綱領にいう「ソーシャルワーカー」とは、本倫理綱領を遵守することを誓約し、ソーシャルワークに携わる者をさす。

注3．本綱領にいう「クライエント」とは、「ソーシャルワーク専門職のグローバル定義」に照らし、ソーシャルワーカーに支援を求める人々、ソーシャルワークが必要な人々および変革や開発、結束の必要な社会に含まれるすべての人々をさす。

索　引

新・社会福祉士養成課程対応
ソーシャルワーカー教育シリーズ❶

新版 ソーシャルワークの基盤と専門職
［基礎編・専門編］

2021年 3 月31日　初版第 1 刷発行
2023年 4 月 1 日　初版第 3 刷発行

監　　修　相澤讓治
編　　集　植戸貴子
発 行 者　竹鼻均之
発 行 所　株式会社 みらい
　　　　　〒500-8137　岐阜市東興町40　第 5 澤田ビル
　　　　　TEL　058 - 247 - 1227（代）
　　　　　https://www.mirai-inc.jp/
印刷・製本　西濃印刷株式会社

ISBN978-4-86015-547-6　　C3036
Printed in Japan　　　乱丁本・落丁本はお取替え致します。